Vinzenz von Paul

WORTE DES ERBARMENS

VINZENZ VON PAUL

WORTE
DES ERBARMENS

HERDER

FREIBURG · BASEL · WIEN

Herausgegeben und eingeleitet
von P. Otto Schnelle C. M.

Sonderauflage für die Ordensgemeinschaften
des heiligen Vinzenz von Paul

Alle Rechte vorbehalten – Printed in Germany
© Verlag Herder Freiburg im Breisgau 1980
Imprimatur – Freiburg i. Br., den 3. März 1980
Der Generalvikar: Dr. Schlund
Herstellung: Freiburger Graphische Betriebe 1980
ISBN 3-451-18899-6

Inhalt

Einleitung. 7

   I. Das innerste Geheimnis Gottes . 13

  II. Wie Jesus Christus
      das Erbarmen Gottes künden. . . 29

 III. „Die Armen sind unsere Herren" 45

 IV. „Glücklich, die den kurzen
      Augenblick dieses Lebens nützen,
      um Erbarmen zu üben" 57

  V. „Das ist der Wein, der die
      Wanderer auf dem schmalen Weg
      Jesu Christi stärkt und erfreut". . 75

 VI. Selig die Armen 93

VII. An der Quelle des Erbarmens . . 103

VIII. Worte an den Herrn 119

Quellenhinweise. 124

Einleitung

Entgegen der Legende verlief die Entwicklung des heiligen Vinzenz von Paul nicht geradlinig. Wenn er sich auch später – nicht ohne Humor – einen Bauern oder einen armen Schweinehirten nannte, so vollzog sich sein Aufstieg in die höchsten Gesellschaftsklassen nicht in dem Bewußtsein der Solidarität mit seiner unterprivilegierten Klasse, vielmehr entschloß er sich, Priester zu werden, weil das für ihn nach Lage der Dinge der einzige Weg war, den beschränkten sozialen Verhältnissen, in denen er geboren war, zu entfliehen. Sein abenteuerlicher Weg von dem kleinen Dorf Pouy in Südfrankreich über die Bezirkshauptstadt Dax, die Universitätsstadt Toulouse, Marseille, eine zweijährige Gefangenschaft in Tunis, Avignon, Rom bis zu seiner Hauptwirkungsstätte Paris scheint ihn zunächst seinem Ziel näher zu führen. Doch immer mehr bedrängt ihn die Frage, was denn sein ganzes Tun und Treiben soll, bis er in der Selbsthin-

Einleitung

gabe an Gott für den Dienst an den Notleidenden zu innerer Freiheit gelangt.
Durch die Begegnung mit dem Priester Pierre de Bérulle, der die Spiritualität seines Jahrhunderts prägte, findet er die Formel seines Lebens: das Leben Jesu Christi, der von Gott zu den Armen gesandt wurde, hier auf Erden fortführen, eine Mystik, die sich nicht in beschaulicher Ruhe, sondern im Handeln aktualisiert.
Mit „Antennen der Liebe", wie Dom Hélder Câmara von ihm sagt, scheint er jeden Notschrei der leidenden Menschheit aufgefangen zu haben: den der Galeerensklaven, der Findelkinder, der Bettler, der verwahrlosten Jugendlichen, der Kranken, der Irren, ganzer Landstriche, die vom Dreißigjährigen Krieg verwüstet wurden, der Flüchtlinge, der Vertriebenen. Daneben greift er in den Kampf gegen die harte Lehre des Jansenismus ein, rüttelt den dekadenten Klerus wach, verhindert als „Staatsrat" die Vergabe der Bischofssitze an unwürdige Bewerber, predigt landauf, landab in den Dörfern, mahnt zur Umkehr und ruft zur tätigen Nächstenliebe auf. Wie

Einleitung

keiner versteht er es, andere zu aktivieren. Große Geldsummen, die er von den Besitzenden zu erhalten versteht, verteilt er, immer bedacht, die Armen von ihrer Not, die Reichen von ihrem Egoismus zu befreien.

Um seine Tätigkeit zu vervielfältigen, gründet er Caritasvereine, die Gemeinschaft der „Barmherzigen Schwestern" und die der Missionspriester, die später auch Lazaristen, Vinzentiner genannt werden.

Daneben entwirft er Statuten, arbeitet Dokumente aus, verfaßt „Ordensregeln" und schreibt Briefe bis in die späte Nacht. Diese nehmen, soweit sie aufgefunden werden konnten, in der vierzehnbändigen Gesamtausgabe seiner Werke, herausgegeben durch Pierre Coste, allein acht Bände ein. Die übrigen sechs Bände enthalten in der Hauptsache Ansprachen an die Missionspriester und die Barmherzigen Schwestern. Sie wurden ohne sein Wissen aufgeschrieben und sind so auf uns gekommen.

Diese „Worte des Erbarmens" sind den Briefen und Ansprachen des Heiligen entnommen. Sie richten sich also ursprünglich in der

Einleitung

Hauptsache an ein „geistliches Publikum", dürfen aber allgemeine Beachtung beanspruchen. Vinzenz hat nicht anders gegenüber Laien argumentiert, mochten es die Vertreter des französischen Hochadels, Männer und Frauen des Bürgerstandes oder Landstreicher und Sträflinge sein. Er spricht immer aus der Mitte seines Denkens heraus, der Verbundenheit mit Jesus Christus.

So wird man bei besinnlicher Lesung alle Texte in seine eigene Lage übersetzen können. Vinzenz' Denkweise, seine „Mystik der Tat" – er selbst gebraucht diesen Ausdruck nicht – liegt uns nicht so ganz fern. Die Texte bieten uns Lösungen an, führen weiter, heitern auf, trösten, spornen an. Wir glauben uns gleichsam auf der gleichen Wellenlänge mit ihm.

Es gibt aber auch Einsichten bei Vinzenz, die auf einer so hohen Stufe gewonnen sind, daß sie den Widerspruch eines allzu natürlichen Denkens herausfordern. Gerade deshalb durften sie in dieser Sammlung nicht unterschlagen werden. Wir sollten das christliche Leben nicht so sehr als festen Besitz und nicht als

Einleitung

abgeschlossene Ideologie, sondern als Prozeß sehen, bei dem noch höhere Stufen zu ersteigen sind. So wäre es schon ein Schritt vorwärts, wenn der Leser bei solchen Stellen nicht das Büchlein auf die Seite legt, sondern sie zunächst auf sich beruhen läßt als Worte eines beispielhaften Christen, eines Heiligen, der uns in seiner Reifung einige Grade voraus ist. Man muß nicht zu jeder Zeit alles verstehen wollen. Jede Einsicht hat ihre Zeit.
Wer sich daher mit diesen Texten, wenigstens für eine gewisse Zeit, nachdenkend und betend auseinandersetzt und sie in verschiedenen Lebenslagen befragt, immer den Grundgedanken der Barmherzigkeit vor Augen, wird deutlich eine innere Bewegung in Richtung auf die Quelle des Erbarmens erfahren.

P. Otto Schnelle C. M.

I
Das innerste Geheimnis Gottes

Erbarmen ist das innerste Geheimnis Gottes. So heißt es auch in der Liturgie, es sei Gott eigen, sich zu erbarmen und den Geist des Erbarmens zu verleihen.
Gott schenke uns diesen Geist des Mitleidens und des Erbarmens in Fülle und halte ihn lebendig in uns! XI, 340

Liebe ist Pflicht.
Es geht nicht nur um die Liebe zu Gott, sondern auch um die Liebe zum Mitmenschen aus Liebe zu Gott.
Das ist so hoch, daß der menschliche Verstand es nicht begreifen kann. Wir haben göttliches Licht nötig, wenn wir die Höhe und Tiefe, die Weite und Herrlichkeit dieser Liebe erfassen wollen.
Wir müssen uns ganz Gott hingeben, um uns dieser Wahrheit tief bewußt zu werden, damit sie unser ganzes Leben, unser ganzes Tun durchdringt.
Gott hat uns zu Helfern seiner unendlichen Vaterliebe erwählt. Er will, daß diese Liebe

sich in der ganzen Welt ausbreitet und um sich greift.

Würden wir doch dieses gewaltige Geschehen immer tiefer erfassen! Solange wir leben, können wir es nicht ausschöpfen. Wenn wir es klar sähen, würde es unser Leben radikal verändern.

Wir sollen den Brand der göttlichen Liebe in allen Menschen entfachen und die Sendung des Sohnes Gottes weiterführen. Er kam, Feuer auf diese Erde zu bringen. Was können wir da anderes wünschen, als daß das Feuer der Liebe lodert und alles verbrennt! XII, 260

Geben wir uns Gott hin, um seine frohe Botschaft durch die ganze Welt zu tragen.

Es geht um die Ehre des ewigen Vaters, um das Leiden des Sohnes, um das Lebendigwerden des Wortes.

Das Heil der Völker und unser eigenes ist etwas so Hohes, daß man alle Kräfte dafür einsetzen muß. XI, 413

Es scheint, Du zweifelst, ob Du zu den Auserwählten gehörst. Allein, wenn wir auch hierüber außer einer besonderen Offenbarung Gottes keine untrügliche Gewißheit haben können, so gibt es doch nach der Lehre des heiligen Paulus verläßliche Kennzeichen, die uns beruhigen dürfen. Und diese Kennzeichen finde ich alle bei dir, nur Du selbst siehst sie nicht.

Lieber Bruder, das tut nichts zur Sache. Gott läßt es geschehen, daß die Seinen die Reinheit ihres Innersten bei den Regungen der zerrütteten Natur nicht immer unterscheiden können. Das läßt sie dann demütig werden und sichert den Schatz, der sich vor ihren Augen verbirgt. Paulus sah die Wunder im dritten Himmel, aber deshalb hielt er sich nicht für gerechtfertigt; denn in sich selbst nahm er noch Dunkelheit und innere Kämpfe wahr. Dennoch stand seine Zuversicht auf Gott so fest, daß er glaubte, nichts in der Welt werde ihn von der Liebe Christi trennen können. Dieses Beispiel soll Dir, bei aller Dunkelheit, den inneren Frieden und volles Vertrauen auf die grenzenlose Güte unseres Herrn erhalten.

Durch alles Dunkel des Herzens und des Gewissens will er Dich nur zur Vollendung führen. Er lädt Dich ein, alle Deine Sorgen unbedingt in die Arme seiner Vaterliebe zu legen; denn er liebt Dich, und es ist unmöglich, daß Gott, der keinen bösen Menschen verstoßen kann, wenn er auf Gnade und Erbarmen vertraut, einen so guten Menschen wie Dich verwerfen sollte.

Aus einem Brief an einen Mitbruder, VIII, 230

Du hast mir in Deinem Brief Deine Sorgen und seelischen Leiden dargelegt mit der Bitte um ein wirksames Mittel zu ihrer Heilung. Mit Absicht habe ich nicht gleich geantwortet. Die Art Deiner Schwierigkeiten schien mir das nicht zu verlangen. Ich habe auch aus langjähriger Erfahrung gelernt, daß man frische Wunden nicht zu schnell verbinden soll, weil das eher schädlich ist. Wenn man dagegen die Natur ein wenig selbst wirken läßt, heilt die Wunde schneller, zumal wenn man sie gut gereinigt und allen Eiter entfernt hat.

Das hast Du gemacht, und zwar dadurch, daß Du Dich in Deinem Brief ausgesprochen hast. Auch ich habe entsprechend unserem Beispiel gehandelt, indem ich Dich zunächst ohne Antwort ließ. Gott hilft zu seiner Zeit, wenn wir alles getan haben, was wir konnten.

An eine Barmherzige Schwester, VII, 546

An eine Mutter, die sich um das Heil ihres Sohnes sorgt.

Ich habe noch keine Mutter gesehen, deren Mutterliebe größer gewesen wäre als die Ihre. Sie sind ganz und gar Mutter. Sie sorgen sich um das ewige Heil Ihres Sohnes und glauben, daß dieses von Ihnen allein abhinge. Denken Sie doch mehr an die Barmherzigkeit Gottes und überlassen Sie es ihm, Ihren Sohn durch die Wirrnisse dieses Lebens zu führen. Gott ist mehr sein Vater, als Sie seine Mutter sind, und er liebt ihn mehr, als Sie ihn lieben können. Wenn Sie sich von diesem Gedanken leiten lassen, wird Gott Ihnen den inneren

Frieden und eine unbeirrbare Liebe zu Ihrem
Sohn erhalten.   I, 584, 516

Die erste Barmherzige Schwester war ein
Bauernmädchen, Marguerite Naseau mit Namen. Sie hütete Kühe und lernte dabei das
Lesen, indem sie Leute, die vorbeikamen, bat:
„Monsieur, erklären Sie mir bitte, was das für
Buchstaben sind, was dieses Wort bedeutet!"
So konnte sie mit der Zeit lesen. Als sie es
selbst beherrschte, spürte sie das Verlangen,
auch andere darin zu unterweisen. Ich hielt in
dem Ort gerade Mission. Sie kam zu mir und
sagte: „Monsieur, so und so habe ich lesen
gelernt. Ich möchte es jetzt gern auch anderen Mädchen beibringen. Soll ich das tun?"
„Natürlich", sagte ich, „ich rate dir sehr
dazu." Sie zog nach Villepreux und übte dort
eine Zeitlang diese Liebestätigkeit aus.
Als Damen aus der Pfarrei vom Heiligsten
Erlöser hier in Paris den Caritasverein gründeten, bedienten sie zuerst selbst die Armen,
brachten ihnen zu essen, Medikamente und

andere Almosen. Da die meisten dieser Damen aus vornehmem Stand und verheiratet waren und deshalb Rücksicht auf Gatten und Familie nehmen mußten, war es ihnen manchmal unangenehm, selbst mit der Suppenschüssel über die Straße zu gehen. So sahen sie sich nach Dienerinnen um, die diese Arbeit für sie tun könnten. Marguerite hörte davon und war gleich freudigen Herzens bereit, diesen Liebesdienst zu übernehmen. Man lehrte sie, Arzneien zu verabreichen und die in der Krankenpflege notwendigen Dienste zu verrichten. Sie lebte sich schnell ein und machte ihre Sache ganz geschickt. Bald darauf wünschten sich die Damen anderer Pfarreien ebensolche Gehilfinnen und baten mich darum. Es fanden sich immer mehr solcher Mädchen. Frau Le Gras bat ich, ihre Leitung zu übernehmen und sie in der Frömmigkeit und im Krankendienst zu unterweisen.

So hat sich alles zugetragen, ohne daß es jemand eigentlich geplant hätte. Gott war es, der uns auf dieses Wirkungsfeld geführt hat, damit wir von seiner Barmherzigkeit Zeugnis geben.   IX, 450

Worte des Erbarmens

Eine Gemeinschaft, die so sehr den Menschen nützt wie die eure, meine lieben Schwestern, kann keinen anderen Urheber haben als Gott selbst. Wann hat man jemals von einer solchen Tätigkeit gehört, wie ihr sie ausübt! Wohl gab es religiöse Orden, und zur Pflege der Kranken gründete man Spitäler; Ordensleute haben sich Gott geweiht, um in diesen Spitälern den Kranken zu dienen. Noch nie hat man aber bisher erlebt, daß Kranke in ihren Wohnungen aufgesucht und betreut wurden. Wenn in einer Familie jemand krank wurde, mußte sich der Mann von seiner Frau, die Mutter von ihren Kindern, der Vater von seiner Familie trennen, wodurch das Elend noch größer wurde. Das Erbarmen Gottes hat euch dazu bestimmt, als erste den Kranken auf diese Weise zu dienen.   IX, 240

Es ist Gott, der einen Menschen dazu bringt, seine Heimat, seine Eltern zu verlassen, die Annehmlichkeiten des Lebens und gesellschaftlichen Vergnügen aufzugeben, um sich statt dessen in der Fürsorge für die Galeerensklaven, die Sträflinge, die Findelkinder, die Kranken aufzuopfern, ohne irgendwelche Ansprüche an das Leben zu stellen. So etwas, meine Schwestern, wirkt nur Gott. Vergeßt nie, daß er euch berufen hat. IX, 240

Durch Seeräuber wurden viele Europäer nach Nordafrika in die Sklaverei verschleppt, ein Zustand, den auch der König von Frankreich durch Verträge nicht beseitigen konnte. Immerhin gelang es ihm, dort Konsulate einzurichten, zu deren Personal auch ein Priester gehören durfte. Ludwig XIII. bat Vinzenz von Paul, seine Priester dafür zur Verfügung zu stellen, damit sie, soweit wie möglich, die Seelsorge bei den christlichen Sklaven ausübten (siehe auch den Bericht auf S. 36f.). An einen dieser Missionare schreibt Vinzenz:

Ich möchte Dich bitten, in keiner Weise gegen die Mißstände unter den dortigen Christen vorzugehen. Suche auf freundliche Weise so viel Gutes wie möglich bei den Priestern, Ordensleuten, Kaufleuten und Gefangenen zu wecken. Denn Du mußt befürchten, daß das Elend, das mit ihrer Gefangenschaft gegeben ist, sie zur Verzweiflung treibt, wenn noch Deine Strenge hinzukommt.

Du bist nicht so, wie Du meinst, für ihr Heil verantwortlich. Ich habe Dich nur nach Algier geschickt, die Betrübten zu trösten, ihren Leidensmut zu stärken, damit sie im Glauben ausharren. Darum also geht es für Dich, und nicht um Deine Würde als Generalvikar. Diese hast Du nur übernommen, um ersteres leichter zu erreichen. Es ist nämlich unmöglich, mit der Strenge der Gerechtigkeit diesem Ziel näherzukommen, ohne die Leiden dieser armen Menschen noch zu vermehren und Anlaß zu geben, daß sie die Geduld verlieren und Du – Dich selbst!

Nimm deshalb, bitte, soweit wie möglich Rücksicht auf die menschliche Schwäche, und stürze Dich nicht auf die Abschaffung von Dingen, die bei ihnen Brauch sind, wenn auch ein schlechter. Ich möchte damit nicht sagen, daß man ihre Verwirrungen billigen soll, ich sage nur, daß die Mittel zur Behebung dieser Mißstände nach Lage der Dinge mild

Das innerste Geheimnis Gottes

und sanft sein und mit großer Vorsicht angewendet werden müssen. Du wirst die Sklaven, in denen noch ein christlicher Sinn ist, eher ansprechen können, wenn Du mit ihnen leidest, als wenn Du sie barsch zurechtweist.

IV, 120

Unsere Mitbrüder haben in einer Pfarrei, in der eine ungewöhnliche Zwietracht herrschte, Mission gehalten. Die Leute verhielten sich sehr ablehnend gegenüber ihrem Pfarrer, und der Pfarrer seinerseits konnte sich mit Recht über die schlechte Behandlung durch seine Pfarrkinder beklagen. Er lag sogar mit ihnen in einem Prozeß und hatte drei oder vier der Anführer ins Gefängnis stecken lassen. Es war so weit gekommen, daß man gegen ihn oder einen seiner Leute in der Kirche handgreiflich wurde. Viele wollten nicht einmal mehr seine Messe besuchen und verließen die Kirche, wenn er zum Altar ging. Kurzum, der Mißstand war so groß, wie ich es noch nie erlebt habe.

So war die Situation, als vor kurzem einige

Leute aus dieser Pfarrei kamen und baten, bei ihnen eine Mission zu halten. Das geschah auch, und durch die Barmherzigkeit Gottes haben sich alle auf ihre Pflichten besonnen. Wofür wir aber Gott vor allem danken müssen, ist die Tatsache, daß sich alle, ohne Ausnahme, mit dem Pfarrer ausgesöhnt haben und nun in Frieden und Eintracht miteinander leben. Zehn oder zwölf Leute sind gerade hier, um im Namen der ganzen Pfarrei ihren Dank auszusprechen. Sie haben so viel Gutes von dieser Mission berichtet, daß es mir peinlich war, sie anzuhören.

Gewiß konnte das nur Gott allein bewirken. Oder lag eine solche Versöhnung in der Macht der Menschen? Wenn sich hier auch ein ganzes Parlament eingeschaltet hätte, eine Verständigung unter so verfeindeten Gruppen herbeizuführen, es wäre kaum zum Ziel gekommen. Man hätte doch nur rein äußerlich polizeiliche Maßnahmen ergreifen können. So ist Gott der Urheber dieses Werkes gewesen, und nur ihm haben wir zu danken.

Tun wir das, meine Brüder, mit all der Liebe, deren wir fähig sind. Aber bitten wir ihn auch, den Jüngern des Herrn den beharrlichen Willen zur Einheit zu verleihen und die ständige Bereitschaft, in der Welt Frieden zu stiften. Beten wir also um den Heiligen Geist, der diese Einheit schafft. Wenn sie unter sich eins sind, werden sie auch draußen eher Verständnis unter den einander bekämpfenden Gruppen herbeiführen können. Denn das ist ihre Sendung: die Menschen mit Gott und untereinander zu versöhnen. XI, 5

II
Wie Jesus Christus das Erbarmen Gottes künden

Der Herr will, daß wir den Armen die frohe Botschaft verkünden. Das hat er selbst getan und will es nun durch uns fortsetzen. Es ist unfaßbar: der ewige Vater bedient sich armer Menschen wie unser zu dem Werk seines Sohnes, der kam, um den Armen die frohe Botschaft zu verkünden, und der gerade dies als Zeichen seiner göttlichen Sendung kundgab.
Danken wir für seine Güte, daß wir an diesem Auftrag teilnehmen dürfen! Welch ein Glück, aber welch eine Verpflichtung liegt auch darin! Ist es nicht etwas Großes, den Armen zu sagen, daß das Gottesreich nahe ist, und zwar für die Armen! XII, 79

Christus nachfolgen heißt ihn nachahmen, soweit schwache Menschen dies vermögen. Nachahmen! Wie kann man denn einen andern darstellen, wenn man nicht dieselben Gesichtszüge, denselben Blick, dieselbe Haltung, dieselbe Gestalt hat? So ist es natürlich nicht gemeint. Wenn wir jedoch diesem göttlichen Vorbild ähnlich werden wollen, wenn wir diesen Impuls in unserem Herzen verspüren, dann gleichen wir uns ihm in unseren Gedanken, in unseren Absichten, in unserer Lebensweise an und wenden uns wie er den Armen zu. XII, 75

Da der Sohn Gottes in seiner Herrlichkeit, die er von Ewigkeit her im Himmel besitzt, keine Gefühle des Mitleidens zeigen konnte, wurde er Mensch, um mit uns leiden zu können. Wenn wir nun an seiner Herrlichkeit im Himmel Anteil haben wollen, müssen wir am Leiden seiner irdischen Glieder teilnehmen, also an den Leiden der Armen und Verlassenen, der Bedrückten und Gemarterten. XI, 77

Wir müssen uns über das Wesen der Caritas im klaren sein, um sie nicht mit einer allgemeinen Sozialarbeit zu verwechseln.
Caritas ist das Erbarmen Gottes, der sich in

der Person Jesu Christi dem Menschen, der arm ist, zuwendet. Wer sich liebend zum Herrn bekennt, wendet sich deshalb wie er in Liebe dem Menschen zu, um ihn aus seinem seelischen und materiellen Elend herauszuführen. IX, 591

Der „Beruf" ist ein Anruf Gottes an uns.
Der Beruf der Apostel war der Anruf Gottes, in der ganzen Welt den Glauben zu verkünden.
Der Beruf eines Ordensmannes oder einer Ordensfrau ist der Anruf Gottes, eine bestimmte Lebensform auf sich zu nehmen.
Der Beruf der Eheleute ist der Anruf Gottes an sie, ihm durch ihr Familienleben und die Erziehung der Kinder zu dienen.
Der Beruf einer Barmherzigen Schwester ist ebenfalls der Anruf Gottes, bestimmte Dienste in dieser Lebensweise für ihn zu übernehmen.
Berufung ist Erwählung. IX, 353

Worte des Erbarmens

Wir würden unserem Nächsten keinen wirklichen Dienst erweisen, wollten wir nur Lebensmittel und Medikamente austeilen. Wie Gott seinen ewigen Sohn zum Heil der Menschen gesandt hat, so sendet er jeden von uns. Er gibt uns Erleuchtung und Kraft, damit wir unsere Sendung erfüllen können. Bitten wir ihn jedesmal darum, wenn wir wie er hingehen, um die Kranken zu heilen, den Notleidenden zu helfen und die Trauernden zu trösten.   IX, 58; VIII, 33

Man darf die Verkündigung der Frohbotschaft an die Armen nicht so verstehen, als hätten wir ihnen nur die Heilsgeheimnisse zu predigen. Wir müssen vielmehr die gesamten Heilsgüter, die die Propheten vorausgesehen haben, vermitteln und so das Evangelium erst recht wirksam machen.

Wenn sich die Priester um die Armen bemühen, dann tun sie dasselbe, was Jesus und viele Heilige taten, die nicht nur schöne Worte machten, sondern die Armen persönlich trösteten, ihr Los erleichterten, sie pflegten. Wenn also ein Priester sagt, er sei berufen, den Armen das Evangelium zu verkünden, nicht aber, ihre Not zu lindern, er habe nur geistliche, nicht aber materielle Hilfe zu leisten, dann antworte ich: wir haben den Armen auf jede Weise zu helfen, selbst und durch andere, sollen die Worte des höchsten Richters für uns gelten: „Kommt her, die ihr von meinem Vater gesegnet seid, nehmt das Reich in Besitz, das für euch geschaffen worden ist. Denn ich war hungrig, und ihr habt mir zu essen gegeben, ich war nackt, und ihr habt mich bekleidet, ich war krank, und ihr habt mich besucht." Dieses tun heißt, in Wort und Tat die Frohbotschaft verkünden, heißt christliche „Vollkommenheit". Das ist es, was unser Herr getan hat und was auch die tun müssen, die vor allen anderen seine Sendung durch ihre Weihe und ihren priesterlichen Dienst auf Erden fortführen sollen.

So müssen denn andere Verpflichtungen in dieser Welt vor dieser Aufgabe zurücktreten.

XII, 73

Von unserem Mitbruder Le Vacher erhielt ich aus Tunis einen Brief, in dem er mir mitteilt, es sei eine Galeere von Algier in der Nähe von Bizerta angekommen. Das brachte ihn in große innere Not, da er alles Geld, das er besaß, dem guten Herrn Konsul in Algier geschickt hatte, um ihn von der Qual der Bastonnaden, die er ausstehen mußte, zu befreien. Und nun hatte er nichts mehr für die armen Menschen. Er suchte jedoch nach einer Möglichkeit, um den Sträflingen dennoch zu helfen. Er kratzte alles Geld, das er auftreiben konnte, zusammen, nahm einen Dolmetscher und einen Begleiter und ging zu der Galeere.

Gleich erkannten ihn die armen Leute an seinem Habit und riefen erfreut: „Da ist unser Befreier, unser Vater." Als er die Galeere betrat, umringten ihn alle. Man weinte vor Freude und Rührung, faßte ihn an der Soutane, am Mantel, der fast in Stücke gerissen wurde, nur um ihm möglichst nahe zu sein. Mehr als eine Stunde brauchte er, um durch das Gedränge bis zum Kommandanten vorzudringen und ihn zu begrüßen. Der Kommandant befahl jedem, wieder an seinen Platz zu gehen, begrüßte den Priester höflich und sprach seine Anerkennung darüber aus, wie die Christen einander in ihrer Not helfen.

Der gute Herr Le Vacher kaufte nun drei Ochsen, die fettesten, die er ausfindig machen konnte, ließ sie schlachten und das Fleisch an die Leute verteilen. Ebenso ließ er eine Menge Brot backen und austeilen. Dann tat er sein Möglichstes, um ihnen geistliche Stärkung zu geben, die ja noch viel nötiger ist. Er belehrte sie über die Geheimnisse unseres Glaubens und ermutigte sie mit viel Liebe. Das tat er acht Tage hindurch, was den Sträflingen großen Trost bedeutete. Sie nannten ihn ihren Befreier, ihren Tröster, der sie körperlich und geistig sättige. So verließ er sie getröstet, gestärkt im Glauben und entschlossen, aus Liebe zu Gott ihre Arbeit geduldig auf sich zu nehmen.

Als er nach Tunis zurückgekehrt war, sagte der türkische Statthalter, der doch ein Ungläubiger ist, zu ihm, er werde sicher in den Himmel kommen, da er so viele Wohltaten spende. Herr Le Vacher winkte nur ab und

bemerkte, er verteile lediglich, was andere ihm gegeben hätten. Vielleicht würden er, der Statthalter, und die anderen, die diese Hilfe möglich gemacht hätten, den Himmel erlangen.
So vermag einer, der Gutes tut, auch bei denen, die nicht glauben, Respekt vor unserer heiligen Religion zu wecken. XI, 447

Es ist durchaus eine priesterliche Aufgabe, sich um die Verbrecher zu kümmern und ihnen Mitgefühl zu zeigen. Wenn sie Dich also um Deine Vermittlung bitten, darfst Du ihnen Deinen Beistand nicht versagen, besonders, wenn es sich bei ihrer Straftat mehr um einen Fehltritt als um Bosheit handelt. Es heißt nicht, das Laster begünstigen, wenn man, wo es angebracht ist, durch seine Fürsprache Gefangene befreit.

An einen Missionspriester, VI, 426

Es ist schon viel, wenn den Armen in leiblicher Hinsicht geholfen wird. Wie aber unserem Herrn vor allem das ewige Heil der Menschen am Herzen lag, so müssen auch wir darin unsere Hauptsorge sehen. Ein gutes, von Herzen kommendes, verständnisvolles Wort kann den Menschen zu Gott führen, ihm zu Geduld verhelfen, zu einem guten Sterben oder zu einem guten Leben nützlich sein.

I, 439

Die Caritashelferin, die den Tagesdienst hat, holt bei der Schatzmeisterin, was sie für den Unterhalt der Armen und Kranken an diesem Tag braucht, bereitet das Essen und bringt es dem Kranken. Wenn sie sein Zimmer betritt, begrüßt sie ihn heiter und liebevoll, stellt das Tablett auf dem Bett zurecht, legt eine Serviette auf, ein Trinkgefäß, einen Löffel und Brot darauf. Dann läßt sie den Kranken seine Hände waschen und spricht das Tischgebet, gießt die Suppe in eine Schüssel, legt das Fleisch auf eine Platte und richtet alles auf dem Tablett zurecht. Hierauf lädt sie den Kranken liebevoll ein, um der Liebe Jesu und seiner Mutter willen zu essen.

All das muß wirklich mit Liebe geschehen, so als ob sie es mit ihrem eigenen Sohn oder noch besser mit Gott selbst zu tun hätte, der das Gute, das sie den Armen erweist, so wertet, als ob es ihm erwiesen worden wäre. Sie sagt ihm ein Wörtchen von unserem Herrn und heitert ihn auf, wenn er betrübt ist, schneidet ihm mitunter das Fleisch und gießt ihm zu trinken ein. Hat er zu essen begonnen, so verläßt sie ihn, wenn jemand bei ihm ist, und sucht den nächsten Kranken auf, wo sie es ebenso macht. Sie beginnt immer bei dem, der jemand um sich hat, und geht zuletzt zu denen, die allein sind, um länger bei ihnen bleiben zu können.

Aus den Statuten des ersten Caritasvereins, XIII, 426

Die Christen, die doch Glieder ein und desselben Leibes sind und Glieder untereinander, müssen Mitgefühl haben. Wie kann man Christ sein und seinen Bruder im Unglück sehen, ohne mit ihm zu weinen und mit ihm zu leiden? Das hieße ohne Liebe sein; das

hieße ein Scheinchrist sein, keine Menschlichkeit besitzen, schlechter sein als ein wildes Tier.
Es ist die Liebe, die bewirkt, daß wir niemand leiden sehen können, ohne mit ihm zu leiden. Die Liebe öffnet dem einen das Herz des andern und läßt ihn spüren, was der andere empfindet. XII, 271

Das Mitleiden des Herrn muß in uns überströmen. Deshalb müssen wir uns zunächst vom Leid des Mitmenschen zutiefst ergreifen lassen. Dann soll dies Mitgefühl auch äußerlich bei uns sichtbar werden nach dem Beispiel unseres Herrn, der über die vom Unheil bedrohte Stadt Jerusalem weinte. Drittens soll in unsern Worten an den Leidenden zum Ausdruck kommen, daß wir seine Schmerzen nachempfinden. Und schließlich muß man ihm helfen, so gut man irgend kann, und versuchen, ihn von seiner Not zu befreien. Ja, die helfende Hand soll von unserer Gesinnung beseelt sein. XI, 77

Empfinden wir die Gefühle des Schmerzes und der Trauer mit unseren Mitmenschen! Was tun die Leute bei einem Trauerfall? Sie kleiden sich schwarz, gehen auf den Trauernden zu, der seinen Vater, seine Frau oder einen Verwandten verloren hat, und sagen: „Ich kann Ihnen gar nicht ausdrücken, welchen Schmerz ich empfinde wegen des Verlustes, den ich mit Ihnen erlitten habe. Ich bin untröstlich darüber." Solche und andere schöne Worte sagen sie. Aber das Schlimme ist, daß diese Worte oft nicht mit ihrem Innern übereinstimmen. Es fehlt der Geist Jesu Christi, der uns in dem andern unseren Bruder erkennen läßt. XII, 272

Auch freudige Ereignisse bei anderen sollen wir so ansehen, als beträfen sie uns. Die Liebe läßt uns auf die Ursache dieser Freude schauen. Der Herr wollte durch seine Lehre die Menschen zu Freude und Leid zusammenführen. Er möchte, daß der eine die Gefühle des andern teilt. Johannes der Täufer sagte von sich und von Jesus: „Der Freund des Bräutigams freut sich über die Stimme des Bräutigams. Er muß wachsen, ich aber muß kleiner werden." Freuen wir uns ebenso, wenn wir die Stimme unseres Bruders hören, der sich freut. Er stellt für uns unsern Herrn dar. Freuen wir uns, wenn ihm etwas gelungen ist, wenn er uns an Ehre und Ansehen, an Talenten, Gnaden und Vorzügen übertrifft.

XII, 271

Brief an René Alméras, der später Nachfolger des hl. Vinzenz als Generalsuperior wurde.

Was unseren Mitbruder N. betrifft, so glaube ich nicht, daß er sich jemals ändern wird. Im Gegenteil, ich fürchte, daß er in unserem Haus noch viel Schaden anrichtet; und ich fürchte es nicht nur, ich erfahre es schon. Ich gebe zu, es wäre vernünftig und gerecht, auch unserer Gemeinschaft gegenüber, das brandige Glied abzutrennen. Aber weil man nicht nur die Gerechtigkeit Gottes nachahmen soll, üben wir jetzt noch Geduld, Langmut und Liebe mit dem Wunsch nach seiner Besserung. Ich wende die verschiedensten Heilmittel an: Sanftmut, Drohungen, Bitten, Mahnungen, allein in der Hoffnung, daß Gott selbst in seiner Güte eingreift. Unser Herr verjagte Petrus nicht, der ihn dreimal verleugnete, selbst nicht den Judas, obgleich er in seiner Sünde sterben sollte. So meine ich, es ist Gott in seiner Güte wohlgefällig, wenn wir auch gegen die ungeratenen Mitglieder Güte üben, um alles zu tun, damit sie sich zu Gott hinwenden. Nicht, daß wir nicht schließlich die Trennung vornehmen müßten. Das wird uns nicht erspart bleiben. IV, 36

III
„Die Armen sind unsere Herren"

Die Armen sind unsere Herren, sie sind unsere Könige. Man muß ihnen gehorchen. Es ist keine Übertreibung, sie so zu bezeichnen; denn in den Armen ist unser Herr gegenwärtig.

X, 610

Gott bittet jeden einzelnen um den Dienst an den Armen. Sie sind unsere Herren. Deshalb muß man sie mit Milde und Herzlichkeit behandeln.
Sorgt, so gut ihr könnt, daß ihnen nichts fehlt, weder für den Leib noch für die Seele. Begegnet ihnen mit Hochachtung, wie unserem Herrn, der sagt: „Was ihr für einen meiner geringsten Brüder getan habt, das habt ihr mir getan." So ist es tatsächlich unser Herr, der den Dienst entgegennimmt, den ihr einem Kranken erweist. Ihr müßt euch also nicht nur vor Rauheit und Ungeduld in acht nehmen, sondern seid bestrebt, den Kranken mit Freundlichkeit zu dienen.

IX, 119; X, 332

Meine Schwestern, bemüht euch darum, den Kranken mit großer Herzlichkeit zu dienen. Teilt mit ihnen ihre Leiden, und hört euch ihre kleinen Klagen an, wie es eine Mutter tut. Denn die Armen betrachten euch als ihre Mutter, die für ihre Nahrung sorgt und die ihnen von Gott zu Hilfe geschickt wird. Ihr seid dazu berufen, die Güte Gottes ihnen gegenüber sichtbar werden zu lassen. Und da diese Güte Gottes zu den Bekümmerten sich immer als liebevoll und sanft erweist, müßt auch ihr die armen Kranken mit derselben Güte behandeln, die Gott uns lehrt, also mit Milde, Mitleid und Liebe; denn die Armen sind eure und auch meine Herren. Ja, es sind wirklich große Herren im Reiche Gottes! Ihnen steht es zu, die Himmelspforte zu öffnen, wie es im Evangelium heißt.

X, 331

Die Herzogin von Aiguillon, die damals im Königreich größeren Einfluß als irgendein anderer hatte, wünschte, Barmherzige Schwestern bei sich zu haben, und sagte zu mir:

„Hochwürden, ich schätze die Barmherzigen Schwestern so sehr, daß ich eine von ihnen in meinem Hause haben möchte; bitte, schicken Sie mir eine!" Wir überlegten, und unsere Wahl fiel auf Schwester Barbara Angiboust. Ich sagte ihr: „Schwester, eine hochgestellte Dame möchte eine Barmherzige Schwester bei sich haben. Wir haben an dich gedacht." Augenblicklich kamen ihr die Tränen in die Augen, sie antwortete aber nicht.

Da nun die Herzogin im Laufe der Zeit immer wieder drängte, sagte ich der Schwester, sie solle darauf eingehen. Zwei Mädchen aus der Umgebung der Dame holten sie von unserm Haus, das dort ganz in der Nähe lag, ab. Sie sagten zu ihr: „Schwester, seien Sie herzlich willkommen; Madame erwartet Sie." Und sie ging mit ihnen, während sie mit Mühe ihre Tränen unterdrückte.

Als sie nun in den Hof der Dame kam, sah sie eine Menge Karossen, wie am Louvre. Das überraschte sie, und sie sagte zu den beiden Mädchen: „Ich habe vergessen, Herrn Vinzenz noch etwas zu fragen, lassen Sie mich bitte noch einmal zu ihm gehen!" Die Begleiterinnen antworteten: „Gehen Sie, Schwester, wir warten hier auf Sie." So kam sie und sagte zu mir: „Aber, Hochwürden, wo schicken Sie mich denn hin? Eine so vornehme Hofhaltung!" Ich sagte ihr: „Barbara, geh ruhig hin. Du kommst zu einer Dame, die die Armen sehr liebt."

Das arme Mädchen ging wieder zurück. Man führte sie zu der Herzogin, die sie herzlich empfing. Obwohl das gute Kind genau wußte, daß dies alles eine günstige Gelegenheit war, den Armen Gutes zu tun, war sie doch traurig, seufzte nur und aß fast nichts. Als die Dame das bemerkte, sagte sie zu ihr: „Schwester, warum sind Sie nicht gern bei mir?" Und ohne den Grund ihres Kummers zu verschweigen, antwortete sie: „Madame, ich habe mein Elternhaus verlassen, um den Armen zu dienen. Sie aber sind eine große Dame, reich und mächtig. Wenn Sie arm wären, Madame, würde ich Ihnen gern dienen."

Als die Herzogin sah, daß sie immer traurig war, schickte sie sie schließlich nach einigen Tagen wieder zu uns zurück. X, 633

Schwester Angiboust ertrug mit großer Geduld die Beschwernisse, die sich aus der gereizten Stimmung der Galeerensträflinge, denen sie zu dienen hatte, ergaben. Wenn die Gefangenen gelegentlich Suppe und Fleisch auf den Boden kippten und ihrem Ärger in Worten gegen die Schwester Luft machten, hob sie alles einfach auf und war zu den Leuten so freundlich, als ob nichts geschehen wäre. Und wollte jemand die Gefangenen schlagen, trat sie dazwischen.

Wie beschämend muß das für die sein, die meinen, man dürfe den Galeerensklaven keine Antwort schuldig bleiben, sondern müsse ihnen die Stirn bieten, Böses mit Bösem, Beleidigung mit Beleidigung vergelten und sogar den Wachen Meldung machen.

So können wir von Schwester Angiboust lernen, wie wir uns gegenüber den Armen, denen wir dienen, zu verhalten haben. X, 645

Der Armendienst ist allem andern vorzuziehen und immer sofort zu leisten. Wenn also etwa zur Zeit des Gebetes einem Notleidenden ein Medikament zu reichen oder eine andere Hilfe zu leisten ist, dann tut das ganz ruhig und opfert es Gott auf, als ob ihr das Gebet gar nicht verließt. Und beunruhigt euch innerlich nicht, als hättet ihr wegen des Armendienstes das Gebet vernachlässigt; man vernachlässigt Gott nicht, wenn man ihn um seinetwillen verläßt.

Wenn ihr also das Gebet um eines Armen willen verlaßt, dann bedenkt, daß gerade das Gottesdienst ist. Die Liebe, auf die alles ausgerichtet sein muß, steht über den Regeln. Sie ist die Herrin. Also muß man alles tun, was sie befiehlt.   XI, 32

Ich darf einen armen Bauern oder eine arme Frau nicht nach ihrem Äußeren beurteilen oder nach der Fassungskraft ihres Geistes. Oftmals ist ihr Aussehen kaum noch das von Menschen...

Aber drehen wir die Medaille um, dann sehen wir im Licht des Glaubens, daß sich der Sohn Gottes, der arm sein wollte, in diesen Armen darstellt. In seinem Leiden sah er fast nicht mehr wie ein Mensch aus. Den Heiden erschien er wie ein Narr, den Juden war er ein Stein des Anstoßes. Aber gerade dadurch erwies er sich als der Freudenbote der Armen: „Den Armen die Frohbotschaft zu künden, hat er mich gesandt", sagte er.
O Gott, wie anders sehen wir die Armen, wenn wir sie in Gott anschauen und mit der Achtung, die Jesus Christus ihnen entgegenbringt! XI, 32

Wie Christus arm geboren werden wollte, so hat er sich auch Arme zu Jüngern erwählt, ist selbst der Diener der Armen geworden und so sehr einer von ihnen, daß er sagte, was man den Armen Gutes oder Böses tue, das werde er so ansehen, als hätte man es ihm getan.

XI, 32

Worte des Erbarmens

Es ist bezeichnend für ein selbstloses Verhalten, daß diejenigen, die anderen aus Liebe zu Gott dienen, in irgendeiner Weise wieder selbst zu Herren werden. Wenn eine Magd ihrer Herrin oder ihrem Herrn gehorcht, so wird sie bald selbst zur Herrin, weil man ihre Uneigennützigkeit sieht und sich daher ihrer Ansicht beugt. Man erkennt, daß sie gut ist, und richtet sich nach ihr. X, 714

Eine regelrechte Landplage im damaligen Frankreich war das Bettlerunwesen, dem die Behörden machtlos gegenüberstanden. Eine Lösung sah Vinzenz in den Caritasvereinen.

Als ich in Mâcon, wo über dreihundert Bettler den Leuten das Leben schwer machten, den Caritasverein gründete, machten sich alle über mich lustig und zeigten in den Straßen mit den Fingern auf mich. Doch nach drei Wochen vergossen alle Freudentränen. Die Beamten der Stadtverwaltung überhäuften mich bei meiner Abreise mit so viel Ehren, daß es mir zu viel wurde und ich mich heimlich davonmachen mußte, um diesem Beifall zu entgehen. Und dieser Caritasverein ist heute noch einer der tätigsten. C. I, 132

IV
„Glücklich, die den kurzen Augenblick dieses Lebens nützen, um Erbarmen zu üben"

Glücklich, die den kurzen Augenblick dieses Lebens nützen, um Erbarmen zu üben! Ja, dieser Augenblick – denn was ist unser ganzes Leben schon anderes als ein Augenblick – fliegt dahin und ist im Nu vorbei. Die sechsundsiebzig Jahre meines Lebens erscheinen mir jetzt wie ein Traum, wie ein Augenblick, und nichts bleibt mir als das Bedauern, diesen Augenblick so schlecht genutzt zu haben. Denken wir an den Kummer bei unserem Tod, wenn wir diesen Augenblick nicht dazu benutzt haben, Gutes zu tun. XI, 342

Der Apostel erklärt uns: Nur unsere Werke folgen uns ins andere Leben nach. Darüber sollten wir nachdenken. Um so mehr, als viele in dieser Welt tugendhaft erscheinen, es auch wirklich sind, aber doch mehr zu unbeschwerlichen Wegen neigen als zu anstrengender und wirklicher Demut. Die Kirche wird mit einer Ernte verglichen, die Arbeiter nötig hat, aber Arbeiter, die arbeiten! XI, 41

Worte des Erbarmens

Glücklich unsere Mitbrüder in Polen, die während der letzten Kriege und bei der Pest so viel gelitten haben und noch leiden. Sie tun dies nur aus Erbarmen mit dem leiblichen und seelischen Elend ihrer Mitmenschen und wollen ihnen Erleichterung verschaffen, helfen, sie trösten. Glücklich die Missionare, die sich weder durch Kanonen, Feuer, Waffen und Pest zwingen ließen, Warschau zu verlassen, wo die Not der Mitmenschen sie festhielt. Sie harren tapfer aus, unter so vielen Gefahren, unter so vielen Leiden – aus Erbarmen.
Geben wir uns Gott hin, um auch mit diesem Geist des Erbarmens beschenkt zu werden, ihn in der Welt zu verbreiten und alles um des Erbarmens willen auf uns zu nehmen. XI, 341

Nichts entspricht dem Evangelium mehr, als auf der einen Seite in der Einsamkeit, in Gebet und Lesung Erleuchtung und Kräfte für die eigene Seele zu sammeln, dann aber hinzugehen und den Menschen von dieser geistigen Nahrung mitzuteilen. So tat es unser Herr, so

nach ihm die Apostel. Es kommt darauf an, das Tun der Martha mit dem der Maria, von denen wir im Evangelium des heiligen Lukas lesen (11, 38ff), zu verbinden. Es gilt, die Taube nachzuahmen, die die Hälfte ihres Futters selbst frißt und den Rest im Schnabel für ihre Jungen mitnimmt. So müssen wir handeln und durch unsere Werke bezeugen, daß wir Gott lieben.
Unsere ganze Aufgabe ist: Handeln.   XI. 41

Lieben wir Gott, meine Brüder, aber auf Kosten unserer Arme und im Schweiße unseres Angesichts! Denn oft sind Akte der Liebe zu Gott und ähnliche Regungen und innere Übungen eines zartbesaiteten Herzens, so gut und wünschenswert sie an sich sind, doch höchst verdächtig, wenn sie sich nicht in der Praxis auswirken. „Dadurch, daß ihr reiche Frucht tragt", sagt unser Herr, „wird mein Vater verherrlicht."
Darauf müssen wir ganz besonders achten; denn es gibt mehr als genug solcher Men-

schen, die meinen, es sei damit getan, sich äußerlich korrekt zu verhalten, im Innern erhabene Gefühle zu Gott zu pflegen. Wenn es aber dann auf Taten ankommt und Gelegenheit zum Handeln da ist, dann versagen sie. Sie schmeicheln sich mit ihrer übersteigerten Einbildung und begnügen sich mit sanften Zwiegesprächen, die sie im Gebet mit Gott halten. Ja, sie reden wie die Engel davon. Sind aber diese Zustände vorüber und geht es darum, für Gott zu arbeiten, zu leiden, sich zu überwinden, die Armen zu unterweisen, die verirrte Herde zu suchen, sich mit Wenigem abzufinden, Krankheiten oder irgendeine Unannehmlichkeit zu ertragen, ja, dann ist niemand mehr da, dann fehlt ihnen der Mut. Nein, täuschen wir uns nicht: Opus nostrum in operatione consistit – unsere ganze Aufgabe ist: Handeln. XI, 40

Ich war seinerzeit Pfarrer in einer kleinen Stadt in der Nähe von Lyon. Eines Sonntags, als ich mich gerade zur heiligen Messe ankleidete, kam jemand zu mir und meldete, in einem abseits gelegenen Haus, etwa eine viertel Stunde von hier, herrsche große Not. Alle darin seien krank, keiner könne dem anderen helfen. Ich kam auch gleich bei der Predigt darauf zu sprechen und empfahl die notleidenden Leute liebevoll der Gemeinde. Gott rührte die Herzen meiner Zuhörer und weckte Mitleid in ihnen für diese armen, heimgesuchten Menschen.

Nach der Vesper am Nachmittag machte ich mich selbst auf den Weg dorthin. Da sah ich Frauen mit Lebensmitteln hingehen, andere kamen von dort zurück, kurz, es waren so viele Menschen unterwegs, daß man von einer Prozession sprechen konnte. Ich mußte mir sagen: Welch große Nächstenliebe! Aber sie ist ungeordnet, haben doch die Armen jetzt zu viel Vorrat auf einmal. Ein Teil davon wird verderben, und bald sind sie der alten Not ausgeliefert. Da brachte mich Gott auf den Gedanken: Diese Frauen könnten sich zusammentun, um aus Liebe zu Gott den armen Kranken zu dienen. So schlug ich in einer Versammlung den Frauen vor, jede möge

ihren Beitrag leisten und sich einen Tag zur Verfügung stellen, um das Essen zu bereiten, und zwar nicht nur für diesen einen Fall, sondern für alle, die später Hilfe nötig haben würden.
Das war der Anfang der Caritasvereine, die heute in unserem ganzen Lande verbreitet sind.

IX, 209, 243, Ab. I, 46

Was glaubst Du wohl, wie viele Menschen in hoher Stellung es heute in Paris gibt, Herren und Damen, die täglich die Armen im Städtischen Krankenhaus besuchen, unterweisen und trösten. Es ist wunderbar, mit welcher Ausdauer sie das tun. Wirklich, wer das nicht gesehen hat, kann es kaum glauben, und wer es sieht, ist tief davon beeindruckt. Das ist tatsächlich das Leben der Heiligen, die unserem Herrn in seinen Gliedern dienen. Besser geht es nicht.

Aus einem Brief an einen Mitbruder, C. I, 330

Glücklich, wer Erbarmen übt

Die schlechte Ernte dieses Jahres macht mir Sorge wegen unserer Gemeinschaft, aber noch mehr drückt mich die Sorge um die Armen. *Wir* werden diese Sorge los, indem wir unsere anderen Häuser um Brot bitten, wenn sie welches haben, oder indem wir in den Pfarreien als Vikare Dienste tun. Aber die Armen, was werden die tun, wo finden die das Lebensnotwendige? Das ist wirklich mein größter Schmerz. Man erklärt mir, die armen Leute auf dem Land sagten, solange sie Früchte hätten, könnten sie leben, dann brauchten sie sich nur noch ihr Grab zu schaufeln, um sich lebendig begraben zu lassen. Mein Gott, welch äußerstes Elend! Und wie kann man Abhilfe schaffen?

C. III, 369

Wir müssen immer wieder um den Frieden beten, meine Brüder. Überall wütet der Krieg. Krieg in Frankreich, in Spanien, in Italien, in Deutschland, in Schweden, in Polen, das von drei Seiten angegriffen wird; Krieg in Irland bis hinauf in die kahlen Berge und fast unbewohnbare Felsen. In Schottland ist es nicht besser. England – man kennt den beklagenswerten Zustand dort. So viele Menschen müssen leiden. O Gott, wenn hier, in der Mitte von Frankreich, wo es Lebensmittel im Überfluß gab, nun nach vier Monaten Krieg so viel Not herrscht, was sollen da die armen Menschen in den Grenzgebieten machen, die schon zwanzig Jahre in diesem Jammer leben! Ja, schon zwanzig Jahre haben sie immer nur Krieg. Wenn sie säen, wissen sie nicht, ob sie auch ernten werden. Die Armeen rücken heran, plündern und rauben ihnen alles. Und was der Soldat nicht nimmt, das nimmt der Sergeant und schleppt es fort. Und dann? Was tun? sie müssen sterben.

Laßt uns beten, daß Gott die Herzen der Menschen, in deren Händen die Macht hier auf Erden liegt, zur gegenseitigen Versöhnung bewegt!

XI, 200

Sich für sein ganzes Leben Gott weihen, um den verlassensten Menschen in der Welt zu dienen, ist das nicht ein Martyrium? Ohne Zweifel. Ein Kirchenvater sagt, derjenige sei ein Märtyrer, der sich Gott weiht, um dem Nächsten zu dienen, und der gern alle Schwierigkeiten erträgt, die ihm dabei begegnen.

Haben die Märtyrer mehr ertragen als solche Helden der Nächstenliebe? Durchaus nicht. Denn wenn sie auch größere Pein erduldeten, so dauerte diese doch nicht lange, und der Tod beendete ihr Leiden. Wer sich aber Gott weiht, um unter Armen mit ansteckenden Krankheiten, Wunden und oft ekelerregenden Geschwüren zu leben, unter armen Kindern, die sich in den notwendigsten Dingen nicht helfen können, unter unglücklichen Galeerensklaven in ihren Ketten und Qualen, verdient das nicht alle Hochachtung?

Wenn wir eine Stelle sehen, wo ein Märtyrer gelitten hat, nähern wir uns ihr mit Ehrfurcht und küssen demütig den heiligen Boden. Und wir dürften unsere Brüder und Schwestern, die sich einem ständigen Martyrium aussetzen, geringachten? O nein! Wir wollen sie allezeit hochachten, unter allen Umständen, und sie als Märtyrer und Märtyrinnen Jesu Christi ansehen, wenn sie aus Liebe zu ihm dem Mitmenschen dienen. II, 270

Wehe den verweichlichten Menschen, die nur ihr Vergnügen suchen! Wenn sie nur zu essen haben, dann kümmern sie sich um nichts mehr. Sie machen sich das Leben angenehm (bei diesen Worten legte Vinzenz die Hände unter die Achseln und ahmte die Faulen nach), Leute mit einem kleinen Gesichtskreis. Ihr Blick und ihre Pläne beschränken sich auf einen engen Umkreis. Sie sitzen im Mittelpunkt, von dem sie sich nicht entfernen wollen. Zeigt man ihnen etwas, dann kommen sie heran, um kurz ein Auge darauf zu werfen, und ziehen sich dann schnell wieder wie eine Schnecke in ihr Schneckenhaus zurück. (Hierbei gestikulierte er mit Kopf und Händen und sprach in einem verächtlichen Ton, der noch besser zum Ausdruck brachte, was er sagen wollte. Dann hielt er an sich, indem er zu sich selbst sagte:) O du

Elender, du bist ein alter Mann, der diesen Leuten gleicht. Kleinigkeiten erscheinen dir groß, und von Schwierigkeiten läßt du dich erschrecken. Meine Brüder, geben wir uns Gott hin, um in seinem Dienste standhaft zu bleiben. XII, 92

Wir leben vom Erbteil Jesu Christi, vom Schweiße der Armen. Wenn wir uns zum Essen niedersetzen, sollten wir uns immer fragen: Habe ich die Mahlzeit verdient, die ich jetzt zu mir nehme? Oft kommt mir der Gedanke und bringt mich in Verwirrung: Elender, verdienst du das Brot, das du ißt, dies Brot, das du der Arbeit der Armen verdankst?
XI, 201

Man kann zwei Formen der Liebe unterscheiden, die affektive und effektive Liebe, d.h. die Liebe des Gefühls und die Liebe der Tat.
Die affektive Liebe entspringt dem Herzen.

Der gottliebende Mensch, erfüllt von Freude und Zärtlichkeit, lebt beständig im Gefühl der Gegenwärtigkeit Gottes, er findet sein Glück im Gedanken an Gott, und unmerklich gleiten seine Tage in solcher Beschauung dahin. Dank solcher Liebe erträgt er mühelos und mit Freuden die schwersten Prüfungen. Ja, man darf sagen, er „schwimmt" in diesem Gnadenstrom der Gottesliebe, und nichts anderes vermag ihn zu fesseln.

Die Liebe der Tat hingegen arbeitet für Gott, ohne indessen die Erquickung der Liebe zu verkosten. Der Mensch bemerkt und fühlt diese Liebe nicht, obwohl er darin sein Werk tut. Der selige Bischof von Genf (der heilige Franz von Sales) erklärt uns diesen Unterschied am Beispiel eines Vaters, der zwei Kinder hat. Das eine ist noch klein; der Vater herzt es, spielt mit ihm, findet Freude an seinem Geplapper, weilt immer in Gedanken bei ihm, wenn er es nicht sieht, und nimmt innigsten Anteil an seinen kleinen Leiden. Geht er hinaus, so folgt ihm die Erinnerung an dieses Kind; kehrt er zurück, ist sein erster Gang zu ihm.

Der andere Sohn ist ein Mann von fünfundzwanzig bis dreißig Jahren. Herr seines Wollens, geht er, wohin es ihm gefällt, und kommt zurück, wie es ihm paßt. Er setzt sich aber ganz für das Wohl des Vaterhauses ein. Es scheint, als habe der Vater kein Herz für ihn und liebe ihn nicht. Alles Unangenehme und Schwere wird ihm aufgebürdet. Ist der Vater ein Bauer, so fällt dem Sohn die Sorge für die Feldbestellung zu, und er legt Hand ans Werk. Handelt es sich um einen Kaufmann, so steckt er den Sohn als Gehilfen in seinen Laden. Ist der Vater ein Rechtsgelehrter, so führt der Sohn die Praxis. Liebe indes scheint der Vater nicht für seinen Sohn zu hegen.

Handelt es sich aber darum, ihm sein Erbe zu sichern, dann beweist der Vater, daß er den älteren mehr liebt als den kleinen, den er hätschelt. Er vermacht ihm alsdann den Hauptteil seines Vermögens und räumt ihm große Vorteile ein. So wird deutlich, daß dieser Vater eine viel wirksamere Liebe für seinen Erstgeborenen bekundet, obgleich seine gefühlvollere und zärtlichere Liebe dem kleinen Sohn gehört. So erklärt der selige Bischof von Genf die beiden Arten der Liebe.

Unter euch, meine lieben Schwestern, gibt es auch solche, die Gott innig lieben, die große Stärkung beim Gebet, große Freude bei allen anderen religiösen Übungen empfinden. Aus dem Empfang der Sakramente schöpfen sie großen Trost, innere Kämpfe kennen sie nicht wegen der Liebe, die sie zu Gott hinträgt und die sie alles mit Freude und Demut aus seiner Hand annehmen läßt.

Aber es gibt auch andere bei euch, die Gottes Nähe nicht fühlen. Sie haben sie niemals empfunden und kennen die fühlbaren Erquickungen des Gebets nicht. Sie glauben, nicht fromm genug zu sein, lassen aber trotzdem nicht nach, ihre Betrachtung zu halten, nach der Beobachtung der Regeln und der Übung der Tugend zu streben, obwohl sie Abneigung dagegen empfinden. Lieben sie Gott nicht? O doch, denn sie tun alles, was die andern auch tun. Ihre Liebe ist um so stärker, je weniger sie sie fühlen. Das ist effektive Liebe oder Liebe der Tat, die unablässig wirkt, ohne wahrgenommen zu werden.

Glücklich, wer Erbarmen übt

Manchmal klagen mir die Schwestern ihr Leid: „Ich tue nichts Gutes und merke nicht, daß ich innerlich weiterkomme. Meine Mitschwestern sind immer so fromm und gesammelt beim Gebet, und ich bin immer zerstreut. Sie hören gern geistliche Lesung, ich dagegen langweile mich. Mir scheint, das ist ein Fingerzeig Gottes, daß ich hier nicht hingehöre."
O, meine lieben Schwestern, das ist eine Täuschung. Wenn ihr eure Berufspflichten treu erfüllt, dürft ihr sicher sein, daß Gott euch liebt. Ohne Zweifel ist eure Liebe sogar noch weit vollkommener als die mancher anderen Schwestern, die bei all ihrer fühlbaren Andacht nicht das schaffen, was ihr vollbringt.

IX, 475

Es genügt nicht, einen Gedanken schön zu finden, auch nicht, bloß einen Entschluß zu fassen. Nur durch Selbstüberwindung gelangt man zum Ziel.

XI, 394

Worte des Erbarmens

Da Gott die Armen liebt, so liebt er auch diejenigen, die Liebe zu den Armen haben. Denn wenn jemand einen lieb hat, dann umfaßt eine solche Liebe auch dessen Freunde. Deswegen haben wir die Hoffnung, daß Gott uns wegen der Armen liebt. XI, 32

Der Tod des Herrn X entsprach seinem Leben. Er hatte sich immer vor dem Sterben gefürchtet. Als er aber am Anfang seiner Krankheit den Tod auf sich zukommen sah, blickte er ihm ohne Furcht, ja mit Freuden entgegen. Er sagte mir selbst, er sterbe getrost. Ich hätte ja einmal gesagt, Gott nehme denen die Todesfurcht, die Liebe zu den Armen geübt hätten, wenn sie auch noch so sehr in ihrem Leben von dieser Furcht beunruhigt waren. Ab. III, 170

V

*"Das ist der Wein, der die Wanderer
auf dem schmalen Weg Jesu Christi
stärkt und erfreut"*

Hier auf Erden kann nie alles nach unserm Wunsch gehen, ganz gleichgültig, wo wir leben und welchen Beruf wir ausüben. Im Gegenteil: unser Herr läßt es zu, daß wir immer wieder Schwierigkeiten und Verdruß haben, um uns von dieser Welt zu lösen und auf den Weg zu Gott zu führen, der die Erfüllung all unserer Wünsche ist.

Wie glücklich ist der Mensch, der sich ganz seiner Führung überläßt, der zu den Schwierigkeiten, die ihm auf diesem Weg begegnen, ein tapferes Ja sagt und so dem Ziel seiner tiefsten Sehnsucht immer näher kommt!

Echte Gemeinschaft zeigt sich darin, daß der eine dem andern dabei behilflich ist, daß wir einander ertragen und vor allem um Frieden und Eintracht bemüht sind.

Das ist der Wein, der die Wanderer auf dem schmalen Weg Jesu Christi stärkt und erfreut.

IV, 262

Es wird immer Schwierigkeiten geben, gleichgültig mit wem oder wo wir leben. Wenn wir uns oft selbst im Wege sind, wie sollte es da nicht zu kleinen Abneigungen, Reibereien und Entfremdungen mit andern kommen!

Einer der wesentlichsten Akte der Nächstenliebe ist, den anderen zu ertragen; und als unbestreitbaren Grundsatz halte man fest: die Schwierigkeiten, die wir mit unseren Mitmenschen haben, rühren mehr aus unserer unbeherrschten Laune als sonstwoher. I, 607

Da jeder Mensch seine Fehler hat, bedarf auch jeder der Nachsicht. Bei ehrlicher Selbstkontrolle entdeckt man bei sich viele Schwächen und Unzulänglichkeiten und muß feststellen, daß man sich gar nicht ohne weiteres davon frei machen kann. Man fällt also anderen zur Last. Man hat zum Beispiel eine Abneigung gegen einen Menschen, der auch nicht schlechter ist als wir. Aber alles an ihm mißfällt uns. Er mag sehen, hören, reden oder tun, was er will, alles ist verkehrt bei ihm. Der Grund liegt bei uns. Ein anderer spricht korrekt, aber wir finden seine Gedanken langweilig, weil er uns unsympathisch ist, was wir aber auch wieder nicht in unserer Gewalt haben. Wie froh sind wir, wenn man deswegen Nachsicht mit uns übt! Wir wollen, daß die andern unsere Launen und Schwächen hinnehmen. Ist es da nicht gerecht, daß auch wir die andern ertragen? Wer sich kennt, weiß, daß er seinen Mitmenschen manches zu ertragen gibt. Und je tiefer einer spürt, daß ja auch Gott unsere Verkehrtheit erträgt, desto mehr ist er bereit, die Last zu tragen, die der andere ihm aufbürdet. XII, 268

Wer eine Gemeinschaft leitet, darf den anderen nie als Untergebenen ansehen, sondern als Bruder, wie unser Herr zu seinen Jüngern sagt: Ich nenne euch nicht meine Diener, sondern ich habe euch meine Freunde genannt. Man muß also jeden mit Demut, Milde, Nachsicht, Herzlichkeit und Liebe behandeln. Nicht, als ob ich das immer selbst beobachtete. Aber wenn ich dagegen verstoße, bin ich mir der Fehlerhaftigkeit meines Handelns bewußt.

Gleichwohl haben wir die Pflicht, einen Bruder gegebenenfalls wegen eines Fehlers zurechtzuweisen. Dabei ist zu bemerken: 1. Es geschehe nie auf der Stelle; 2. es geschehe in sanfter und passender Form; 3. mit Anführung von Gründen, indem man ihm das Unziemliche seines Verhaltens in freundlicher und liebenswürdiger Weise zeigt, damit er sieht, daß der Obere ihn nicht aus Laune zurechtweist oder weil der Fehler sich gegen ihn richtete. IV, 50

Haben wir Geduld mit den Menschen, die der böse Geist stets zu verderben sucht, und hoffen wir, daß das Licht des Glaubens nach und nach alle Schatten vertreibt und Jesus Christus die Herrschaft über Glauben und Sitten gewinnt. Dazu will Gott in seinem Erbarmen sich auch unser bedienen. Denn gewöhnlich will er den Menschen durch den Menschen retten, wie er ja selbst Mensch wurde, um uns alle zu retten. VII, 341

Wein, der den Wanderer auf dem Weg Jesu stärkt

Wenn einer gegen jemand eine Meinung vertritt, dann merkt dieser schon an der streitbaren Art, mit der man gegen ihn vorgeht, daß er erobert werden soll. So stellt er sich innerlich mehr auf Widerstand ein als auf das Erkennen der Wahrheit. Statt den Geist zu öffnen, verschließt man sich bei solchen Debatten gewöhnlich beim anderen die Tür des Herzens. Nur Güte und Freundlichkeit vermögen, sie offenzuhalten. XI, 65

Eifer für eine gute Sache kann durch Übermaß zum Laster werden. Beachtet man nicht die Grenze, die die Nächstenliebe setzt, so entartet er zum Menschenhaß. II, 139

Wenn es einmal vorkam, daß ich mit Sträflingen ohne innere Teilnahme sprach, verdarb ich alles. Wenn ich dagegen ihre Ergebenheit lobte, ihre Leiden mit ihnen beklagte, wenn ich ihnen erklärte, wie das Leiden uns schon in dieser Welt läutert, wenn ich ihre Ketten küßte, ihre Schmerzen mitlitt und Sorge für ihr Unglück bewies, dann erst hörten sie mich an, schauten sie auf Gott und nahmen das Heil an.

So müssen wir ganz allgemein unseren Nächsten behandeln: gütig, demütig, liebevoll, sei es öffentlich oder unter vier Augen, auch innerlich Verhärtete, ohne jemals Schmähungen, Vorwürfe oder harte Worte gegen sie zu gebrauchen. Damit würden wir sie nur verbittern und abstoßen, anstatt sie an uns heranzuziehen. IV, 53

Wir müssen uns in die Gefühlswelt der anderen hineindenken und mit ihnen leiden. Nie darf die Klage auf uns zutreffen, die unser Herr durch einen Propheten aussprach: „Ich wartete, ob einer mit mir trauerte, aber niemand war da, ich wartete, ob einer meine Leiden mit mir litte, aber es fand sich keiner."

Daher müssen wir versuchen, unser Herz zu erweichen und es für die Leiden und Sorgen des Nächsten empfänglich zu machen. XI, 340

Kein Mensch ist im Guten stetiger und unbeirrbarer als der Milde und Gütige. Die sich dagegen von Zorn und leidenschaftlichem Verlangen hinreißen lassen, sind gewöhnlich höchst unbeständig, sie handeln immer nur launenhaft und unbeherrscht. Sie sind wie Sturzbäche, die im Überborden Kraft und Ungestüm zeigen; dann verfließen sie und trocknen aus. Anders ein Strom, das Abbild des gütigen Menschen: still und ruhig zieht er dahin, ohne jemals zu versiegen. XI, 65

Bei meiner galligen und melancholischen Art wandte ich mich an Gott und bat ihn inständig, doch mein schroffes und abstoßendes Wesen zu wandeln und mir einen milden und gütigen Sinn zu geben. Und durch die Gnade unseres Herrn und einige Selbstkontrolle bei den Aufwallungen meiner Natur habe ich etwas von meiner düsteren Stimmung verloren. C. I, 138

Worte des Erbarmens

In Deinem Eifer für den guten Geist in unserer Gemeinschaft findet sich, wie mir scheint, immer eine gewisse Schärfe, die sogar in Bitterkeit übergeht. Was Du mir schreibst und was Du Weichlichkeit und Genußsucht bei dem einen oder anderen Mitbruder nennst, ist, wohlgemerkt, Deine eigene Unduldsamkeit. Man darf die Dinge nicht übertreiben und muß sich in acht nehmen, daß unser gerechtes Urteil nicht in Strenge und unbesonnenen Eifer ausartet. Wissen wir denn, ob nicht Gott den beiden Mitbrüdern den Gedanken an die Reise, von der Du mir berichtest, und an die kleinen Erleichterungen, die sie sich dabei gestatteten, eingegeben hat? Eines weiß ich bestimmt, daß nämlich Gott „bei denen, die ihn lieben, alles zum Guten führt" (Röm 8,28), und daß die beiden Gott lieben, daran kann ich nicht zweifeln.

An einen Missionspriester, II, 70

Bemüht euch, einander stets mit herzlicher Hochachtung zu begegnen, die sich durch ein frohes Gesicht kundtut.

"Aber", wird man einwenden, "wie soll man ein fröhliches Gesicht machen, wenn das Herz traurig ist?" Ich sage, es ist unwesentlich, ob das Herz froh ist oder nicht. Die Hauptsache ist, daß ihr ein frohes Gesicht zeigt. Das ist keine Verstellung; denn die Liebe, die ihr füreinander habt, beruht auf dem Willen. Wenn ihr den Willen habt, einander gefällig zu sein, genügt das schon, um eurem Gesicht den Ausdruck der Freude zu geben. Wie oft muß man doch gegen die natürlichen Empfindungen angehen und dementsprechend handeln! Anders bildet sich kein sittlicher Charakter. Wollte jeder seinen albernen Gefühlen freien Lauf lassen, dann könntet ihr etwas Schönes erleben. Selbstbeherrschung, darauf kommt es an. IX, 158

Hochachtung ohne Herzlichkeit ist nicht wirkliche Hochachtung. Ebenso wäre die Herzlichkeit ohne Hochachtung kraftlos; sie wird leicht in unpassende Vertraulichkeit ausarten, die Herzlichkeit verwässern und launischem Wechsel unterwerfen. Das alles ist ausgeschlossen, wenn Herzlichkeit und Hochachtung zusammengehen. IX, 142

Es schmerzt mich sehr, daß sich unser Mitbruder zu dem Brief hinreißen ließ, den Du mir zugesandt hast. Ich bin darüber um so mehr erstaunt, als er mir nie etwas davon mitgeteilt und sich niemals über Dich beklagt hat. Aber was willst Du machen? Die Menschen sind nun einmal so, daß sie gelegentlich aneinandergeraten, selbst die heiligsten. Das zeigt sich bei den heiligen Petrus und Paulus (vgl. Gal 2,11ff) wie auch bei den heiligen Paulus und Barnabas (vgl. Apg 15,39). Selbst die Engel widersprechen einander gelegentlich, weil jeder seine besonderen, aber begrenzten Erleuchtungen hat, an die er sich hält. Ich werde mich bei dem Mitbruder nach den Gründen für seine Handlungsweise erkundigen.

Indessen bitte ich Dich, lieber Bruder, verbanne aus Deinem Herzen jede Bitterkeit, die sein

Brief in Dir vielleicht zurückgelassen hat. Wen könnten wir denn sonst noch ertragen, wenn wir einen Priester und Mitbruder nicht ertragen, dessen einzige Schuld ist, schlechten Berichten gegenüber allzu leichtgläubig gewesen zu sein. Und war es schließlich nicht besser, bei Dir wie bei einem guten Freund sein Herz zu erleichtern, als seinen Groll in sich zu verschließen und das Mißtrauen sich festsetzen zu lassen.

Ich hoffe, daß das alles zum Guten führt und daß Ihr, wenn jeder die Wahrheit erkannt hat, einander herzliche Liebe entgegenbringt. Ich glaube, ich darf das von Dir erwarten und auch von ihm, und Dich bitte ich, wo sich Gelegenheiten bieten, auf ihn zuzugehen.

IV, 229

Die Zusammenarbeit von Vinzenz' erstem Mitarbeiter Portail mit einem andern Missionar führte zu Reibereien, die das Gelingen einer Mission in den Cevennen in Frage stellte. Vinzenz schreibt an Portail:

Wir können uns nur dann reichen Gewinn durch unsern Herrn versprechen, wenn bei Euch Einigkeit herrscht und Ihr Euch gegenseitig ertragt. Im Namen Gottes! übe Dich täglich darin, denn Du bist der Ältere, Du bist der zweite, der zu unserer Gemeinschaft gestoßen ist, und Du bist der Superior. Ertrage alles, ich sage alles, von dem guten Mitbruder; ich wiederhole: alles, und zwar so, daß Du den Superior ablegst und Dich ihm liebevoll anpaßt. Das ist die Methode, mit der unser Herr die Apostel gewonnen und geleitet hat, und der einzige Weg, mit dem Mitbruder zurechtzukommen. Demgemäß gib seiner Laune nach, und widersprich ihm nie auf der Stelle, sondern setze Dich später mit ihm herzlich und demütig auseinander. Vor allem bleibe nichts Trennendes zwischen Euch.

Ihr befindet Euch dort gleichsam auf einer Bühne, und eine bittere Äußerung kann alles verderben. Ich hoffe, Daß Du entsprechend vorgehst und daß Gott in Anbetracht einer Million von Tugendakten, die Du im Innern übst, Euer Werk segnet. I, 112

Wein, der den Wanderer auf dem Weg Jesu stärkt

Dieser Tage sah ich einen Gerichtspräsidenten wieder, der vor etwa einem Jahr bei uns seine Exerzitien gehalten hat. Dabei hatte er sich eine Lebensordnung aufgestellt, über deren Einhaltung er jetzt eine Selbstprüfung vornahm. Nun sagte er mir unter anderem, er glaube, daß er durch die Gnade Gottes nicht zweimal seine morgendliche Besinnung unterlassen habe. „Aber wissen Sie, mein Herr, wie ich dabei vorgehe? Ich überschaue meinen Tagesplan, daraus entspringen dann meine Entschlüsse: Ich werde jetzt zum Gerichtshof gehen; ich habe diese oder jene Rechtssache zu führen. Vielleicht wird sich ein hochgestellter Herr an mich wenden, um mich mit Hilfe seines Ansehens zu bestechen; mit Gottes Gnadenhilfe werde ich mich davor hüten. Vielleicht wird man mir ein Geschenk anbieten, das mir gefällt. O ja, aber ich nehme es nicht an. Wenn ich versucht bin, die eine oder andere Partei rauh abzufertigen, will ich gütig und herzlich zu ihnen sprechen."

Was haltet ihr davon? Ist es nicht bewundernswert, wie dieser Präsident so beharrlich durchführt, was er sich vorgenommen hat, obwohl er sich mit geschäftlicher Überlastung entschuldigen könnte!

Aber ihr könnt in der gleichen Weise euer „Morgengebet" halten, denn so ist es am besten. Ihr sollt ja nicht meditieren, um erhabene Gedanken, Ekstasen und Verzückungen zu haben, die euch mehr schaden als nützen würden, sondern um den Dienst der Barmherzigkeit in der rechten Weise zu versehen.

Ihr könnt also folgendermaßen bei euch selbst sprechen: Ich gehe gleich zu armen Leuten; ich will versuchen, ihnen in bescheidener Heiterkeit zu begegnen. – Einige wollen nicht mit mir reden; ich will sie ertragen. – Es ist mir fast zur Gewohnheit geworden, bei dieser oder jener Gelegenheit eine Mitarbeiterin, einen Mitarbeiter zu kränken; ich will es nicht mehr tun. – Man gibt mir Ursache zur Unzufriedenheit; ich will es ertragen. – Es fährt mich einer hart an, macht mir Vorwürfe; ich will mich beherrschen und ruhig bleiben im Gedanken an unseren Herrn!

Ist diese Methode nicht für jeden nützlich und leicht? IX, 29

Wie ich höre, werden auf dem Schiff, mit dem Du nach Madagaskar fahren sollst, auch Hugenotten sein. Solche Gelegenheiten zwingen uns zur Zurückhaltung. Sei noch demütiger, und gib Dich noch mehr Gott hin, übe noch selbstloser die Nächstenliebe! Meide peinlich jede Art von Disput mit ihnen! Wenn man gegen Dich ausfällig werden sollte, darfst Du Dich nicht in Deiner Güte gegen sie irremachen lassen. Hab Geduld! Wenn Deine Haltung echt ist, wird sicher eine gute Wirkung davon ausgehen. Gib sehr acht, daß Du bei der Hilfe, die Du als Chirurg auf dem Schiff leistest, keinen bevorzugst und keinen Unterschied zwischen Katholiken und Protestanten machst. So erfährt jeder, wie christliche Liebe wirklich sein muß. VIII, 182

Das ist ein unverbrüchlicher Grundsatz: Wer vom Geist unseres Herrn beseelt ist, handelt milde und sanft. Unfreundlich und hart wird dagegen vorgehen, wer sich von seinen Trieben und vom bösen Geist drängen läßt. IV, 577

VI
Selig die Armen...

Selig die Armen ...

Jesus Christus war der erste, der die Armut lehrte, der erste „Lehrer der Armut".
Vor ihm kannte man ihre Bedeutung nicht. Nur der Reichtum wurde geschätzt. Der Armut legte man keinen Wert bei, da man ihren Segen nicht erkannte. Auch durch die Propheten hatte Gott sie nicht lehren wollen. Er hat es sich vorbehalten. Er selbst kam, um sie uns zu lehren: Durch sein Wort und durch sein Beispiel hat der Sohn Gottes Sinn und Wert der Armut geoffenbart. XI, 245

Unser Herr handelte, bevor er lehrte, wie es in der Apostelgeschichte heißt: Er begann zu handeln und zu lehren. Das erste aber, was er tat, als er in diese Welt kam, war – arm sein. Die Armut war auch das erste, was er uns lehren wollte: Selig die Armen, denn ihrer ist das Himmelreich. Was das Herz am meisten beschäftigt, das spricht der Mund zuerst aus. Da unser Herr seine Lehre mit den Worten begann: selig sind die Armen, ist es klar, wie sehr er die Armut liebte und welch hohen Wert er solcher Einstellung zuerkannte. XII, 388

Worte des Erbarmens

Gott hat die Armen erwählt, um sie reich an Glauben zu machen.
Der Glaube ist für die Armen ein großer Reichtum, denn ein lebendiger Glaube erlangt bei Gott alles, was man vernünftigerweise begehren kann.
Je mehr wir wahrhaft arm sind, um so mehr sind wir wahrhaft reich, da Gott selbst unser Besitz ist. IX, 88

Gott liebt uns ohne Vorbehalt. –
Er wünscht, daß auch wir ihn ohne Vorbehalt lieben.
Das tut derjenige, der an nichts mehr hängt. Ehre, Reichtum, Vergnügen, auf alles hat er verzichtet, von allen geschaffenen Dingen hat er sich gelöst.
Aber ohne Liebe kann der Mensch nicht leben.
So wendet man sich notgedrungen dem Unerschaffenen, Gott, zu. Denn das Herz muß lieben können, wie der Stein zur Erde fällt und das Feuer nach oben steigt.

So ist die Armut nur ein Mittel zur vollkommenen Gottesliebe. XII, 380, 389

Körperliche und geistige Mängel sollen für uns Hinweis sein auf das Erbarmen Gottes. Haben wir Ehrfurcht vor denen, die an solchen Gebrechen leiden. Mancher, der sich in der Malerei auskennt, macht von einem einzigen Pinselstrich eines bedeutenden Künstlers mehr Aufhebens als von dem fertigen Gemälde eines durchschnittlichen Malers. So wollen auch wir die Gebrechen als Kunstgriffe eines großen Meisters betrachten, wenn wir auch noch nicht sehen, wie sie sich in das Gesamtbild einordnen. XI, 131

Wenn unser Herr noch auf Erden lebte und die Findelkinder sähe, die von Vater und Mutter im Stich gelassen wurden, würde er sie auch im Stich lassen? Denken wir an das Wort, das er seinen Jüngern sagte: „Laßt die

Kinder zu mir kommen!" Wie liebevoll war er zu den Kindern! Er schloß sie sogar in seine Arme.

Die Sorge für ein Kind übernehmen heißt gewissermaßen selbst ein Kind werden. Ja wir müssen Kinder werden, wenn wir ins Himmelreich eingehen wollen. Für Kinder sorgen heißt, die Stelle ihrer Eltern oder vielmehr die Stelle Gottes übernehmen, der sagt: wenn auch eine Mutter ihr Kind vergessen sollte, er würde es nicht vergessen. XII, 88

Jemand könnte fragen: Warum sollen wir uns der Geistesgestörten annehmen, dieser schwierigen Menschen, die uns doch nur schikanieren? Ihm möchte ich antworten: Auch unser Herr wollte von Mondsüchtigen, Wahnsinnigen und Besessenen umgeben sein. Von überall her führte man sie zu ihm, sie zu befreien und zu heilen. Wenn er sich der Geisteskranken und Besessenen annahm, müssen wir es nicht ebenfalls tun? Wer weiß, ob seine Vorsehung sich nicht unser bedienen will, um der Krankheit dieser armen Menschen abzuhelfen? Er selbst wollte wie ein Wahnsinniger oder Rasender erscheinen, um diesen Zustand in das Mysterium der Erlösung hineinzunehmen: „Als die Seinen davon hörten, wollten sie ihn festhalten; denn sie sagten: er ist von Sinnen" (Mk 3,21). O mein Gott, gib uns die Gnade, das alles in deinem Licht zu sehen! XII, 88

Wie tröstlich ist es für mich zu sehen, daß es unter euch wirkliche Anspruchslosigkeit gibt! Da sind tatsächlich Schwestern, die man bewundern muß. Gott sei dafür gedankt! Wenn ich gelegentlich auf der Straße Schwestern begegne, die aus vornehmer Familie stammen, aber die Gesinnung schlichter Mädchen vom Lande haben, und wenn ich sehe, wie sie mit ihrem schweren Korb auf dem Rücken bescheiden ihres Wegs gehn, o meine Schwestern, welche Freude ist das für mich! Gott sei für die Gnade, die er ihnen geschenkt hat, Lob und Dank gesagt! IX, 90

Worte des Erbarmens

Wenn Gott es zuließe, daß wir gezwungen wären, als Hilfspriester von Dorf zu Dorf zu gehen, um nur das Notwendigste zum Leben zu haben, oder daß wir sogar um Brot betteln oder uns, zerlumpt und vor Kälte erstarrt, hinter einer Hecke zum Schlafen niederlegen müßten, und dann käme einer und fragte: „Armer Missionar, was hat dich in diese äußerste Notlage gebracht?" – welch ein Glück, dann antworten zu können: „Die erbarmende Liebe!" XI, 60

Gott ist der unumschränkte Herr, der Schöpfer und rechtmäßige Eigentümer aller Güter. Da er die große Unordnung sah, die auf Erden durch die Gier nach Reichtum und Besitz entstanden ist, wollte er dem Übel durch das Gegenmittel abhelfen: Er wurde so arm, daß er „nichts hatte, wohin er sein Haupt legen konnte". Auch seine Apostel und Jünger, die er in seinen engeren Kreis berief, sollten diese Armut praktizieren, ebenso die ersten Christen, von denen berichtet wird, daß sie kein

Eigentum hatten, sondern daß sie alles gemeinsam besaßen.

Die großen Verheerungen also, die der böse Geist in der Welt durch den Reichtum, der schon viele ins Verderben stürzte, angerichtet hat, wollte unser Herr durch ein radikales Gegenmittel beseitigen: durch die Übung der Armut. XII, 378

Ich kenne einen Pater, der fast zehn Jahre am königlichen Hof gepredigt hatte. Mit etwa sechzig Jahren wurde er von einer Krankheit heimgesucht, die ihn an den Rand des Grabes brachte. Dabei ließ ihn Gott die Hohlheit seiner schwungvollen und wortgewaltigen Reden erkennen, die gut anzuhören sind, aber wenig Nutzen bringen. Das ließ ihn nicht ruhen. Als er wieder gesund geworden war, bat er seine Vorgesetzten um die Erlaubnis, aufs Land gehen zu dürfen, um dort Katechismusunterricht zu halten und den Bauern ganz schlicht zu predigen. Dies tat er noch zwanzig Jahre bis zu seinem Tod. Bevor er starb, bat er, man möge ihm das Stäbchen mit ins Grab geben, mit dem er die Kinder beim Katechismusunterricht aufgerufen hatte, wie es dortzulande Sitte ist. Dieses Stäbchen, sagte er, gebe Zeugnis, daß er den Hof verlassen habe, um unserem Herrn auf dem Lande nachzufolgen.

XI, 136

Wenn Gott will, daß ein gutes Werk zustande kommt, tun wir gut daran, die Sache noch eine Zeitlang auf sich beruhen zu lassen, um nicht dem ungestümen natürlichen Drängen nachzugeben, das uns zur schnellen Durchführung vorteilhafter Angelegenheiten treibt, und um Gott Raum zu geben. Die Verzögerung wird nichts schaden. Je weniger *wir* dabei eingreifen, desto mehr wird er dabei tätig sein.

XII, 162

VII
An der Quelle des Erbarmens

An der Quelle des Erbarmens

Wenn ihr während der Gebetszeit hört, daß ein Armer eure Hilfe braucht, dann verzichtet auf die innere Befriedigung, die das Gebet verleiht, und verlaßt Gott um Gottes willen! Aber tut trotzdem euer Möglichstes, um das Gebet nicht zu versäumen. Denn das Gebet hält die Verbindung mit Gott aufrecht. Und solange diese Verbindung besteht, habt ihr nichts zu befürchten. Um diese Liebesvereinigung mit Gott zu wahren, müßt ihr euch in euer Inneres einschließen und so mit unserm Herrn Zwiesprache halten. X, 3

Bei der vielseitigen Beanspruchung durch die Armen kann es durchaus sein, daß man gelegentlich mit euch unzufrieden ist und sich beklagt, daß ihr nicht zu jeder beliebigen Stunde zur Verfügung steht. Aber ihr habt auch Zeit für euch selbst nötig. Gerade weil ihr nicht nur für das leibliche Wohl der Armen Verantwortung habt und weil überhaupt die Seele den Vorrang vor dem Leib hat, müßt ihr zuerst selbst von den göttlichen Wahrheiten durchdrungen sein.

Die Heilige Schrift sagt, verständige Nächstenliebe beginne bei sich selbst. Die Gerechtigkeit fordert, nicht nur andern zu dienen, sondern sich auch der eigenen Seele anzunehmen.
Setzt für die Armen eine bestimmte Zeit fest, und kümmert euch nicht um das Gerede der Leute, sondern tut, was ihr zu tun habt. Wir müssen zwar den Armen dienen, dürfen uns aber nicht selbst verlieren. X, 626

Sucht zuerst das Reich Gottes und seine Gerechtigkeit, so wird euch alles andere hinzugegeben" (Mt 3,36).
Da unser Herr das empfiehlt, müssen wir uns daran halten. Er ist es, der spricht, wir müssen aufmerksam hinhören und uns Gott hingeben, um sein Wort in die Tat umzusetzen.
Es heißt also: Sucht das Reich Gottes. Sucht! Das ist nur *ein* Wort, aber es besagt viel. Es bezeichnet eine Sorge, es bezeichnet ein Tun. Sucht Gott in euch! Denn der heilige Augustinus sagt, er habe ihn nicht gefunden, solange

er ihn außer sich suchte. Das innere Leben ist notwendig. Wenn das fehlt, fehlt alles.

Aber es gibt so viel zu tun, wird man einwenden, so viele Verpflichtungen im Haus, in der Stadt, auf dem Land, überall Arbeit. Sollen wir das alles preisgeben, um nur an Gott zu denken?

Nein, aber wir sollen unser Tun mit Gott in Verbindung bringen, ihn darin suchen, unsere Arbeiten mehr verrichten, um ihn zu finden, als um sie getan zu haben. Seine Ehre, sein Reich, seine Gerechtigkeit suchen heißt darum, vor allem um ein inneres Leben bemüht sein, daß sich in Glaube, Vertrauen, Liebe kundtut, in einer Haltung der Hingabe an Gott bei unseren Arbeiten und in dem Verlangen, das Reich seiner erbarmenden Liebe auszubreiten. XII, 130

Das innere Gebet ist eine Erhebung des Herzens und des Geistes zu Gott. Die Seele löst sich gleichsam von sich selbst, um Gott in sich zu suchen. Es ist ein Gespräch der Seele mit Gott, ein stummes gegenseitiges Verstehen und Austauschen. Gott teilt der Seele innerlich mit, was sie nach seinem Willen wissen und tun soll. Und die Seele wiederum vertraut ihrem Gott in stiller Zwiesprache ihre Bitten an, so wie er selbst es sie gelehrt hat. So kostbar ist das innere Gebet. Es gibt nichts Wichtigeres für uns. IX, 419

Ich erinnere mich eines Ausspruchs des Bischofs von Genf (des heiligen Franz von Sales) – gotterfüllte und eines so großen Mannes würdige Worte: „Ich würde nicht zu Gott gehen, wenn Gott nicht zu mir käme." Er wollte also nicht zu Gott gehen, wenn Gott nicht zuerst zu ihm käme!
Diese Worte kommen aus einem Herzen, das ein klares Wissen vom Wesen der Liebe hat. Ja, so ist es. Ein Herz, das von der Liebe angerührt ist, das versteht, was es heißt, Gott zu lieben, würde nicht zu Gott gehen, wenn Gott ihm nicht zuvorkäme, um es durch seine Gnade an sich zu ziehen. Hier läßt sich nichts

erzwingen. Man kann Gott nicht mit der Kraft der Arme und Maschinen herbeiziehen.

Gott teilt sich mit, wenn er will, aber ganz ohne Gewalt, ganz zartfühlend, sanft, mild und liebevoll.

Bitten wir oft darum mit großem Vertrauen, und seien wir überzeugt, daß er sich uns schenken wird in seiner großen Barmherzigkeit.

Herr, du weißt, was mein Herz dir sagen will. An dich wende ich mich, du Quelle des Erbarmens.
XI, 221

Glaubt mir, meine Brüder, glaubt es mir: es ist ein unfehlbarer Grundsatz Jesu Christi, den ich euch schon oft gesagt habe: Zuerst muß das Herz leer sein von sich selbst, dann füllt Gott es aus. Denn Gott ist es, der darin wohnt und handelt. Es ist die Demut, die heilige Demut, die uns von uns selbst frei macht. Erst dann sind nicht mehr wir es, die handeln, sondern Gott in uns. Und dann wird alles gut.

XI, 312

Worte des Erbarmens

Gott hat versprochen, sich den Geringen und den Demütigen mitzuteilen und ihnen seine Geheimnisse zu offenbaren. Ja, man darf sagen, Gott hat große Freude, sich den Demütigen zu erkennen zu geben. Welch erhabene Worte Jesu Christi, die zeigen, daß Gott nicht seine Freude in Schlössern oder bei Fürstlichkeiten sucht: „Mein Vater, ich preise dich und danke dir, daß du deine Geheimnisse vor den Großen dieser Welt verborgen, den Demütigen aber geoffenbart hast."   IX, 400

Letzten Dienstag versammelten sich in diesem Raum wieder die Priester von Paris zum geistlichen Gespräch. Ich betrachtete dabei die Bilder der Heiligen an den Wänden und sagte mir: Könnten wir doch so tief wie sie in die göttlichen Wahrheiten eindringen und uns danach bilden, wie würde das unser ganzes Leben verändern! So verweilte mein Blick auch auf dem Portrait des seligen Bischofs von Genf (Franz von Sales), der eindringlich zu mir sprach.

Vor allem aber, meine Brüder, wenn wir das schöne Gemälde unseres Herrn Jesus Christus da vor uns betrachten, dieses wunderbare Original der Demut, könnten wir da wirklich noch die geringste gute Meinung von uns selbst in unserm Herzen aufkommen lassen, wenn wir sehen, wie weit wir von seiner Selbsterniedrigung entfernt sind? Könnten wir es wagen, uns über andere zu erheben, wenn wir sehen, daß er einem Mörder nachgestellt wurde? Sollten wir Angst davor haben, daß man unsere Wertlosigkeit erkennt, wenn wir sehen, daß der Unschuldige wie ein Übeltäter behandelt wird, der zwischen zwei Verbrechern als der Schuldigste stirbt? Gott bewahre uns vor einer solchen Verblendung!

XI, 393

Wenn wir uns ehrlich prüfen im Hinblick auf die Schwachheit unserer Natur, die Leichtfertigkeit unseres Geistes, die Finsternis unseres Verstandes, die Unordnung unseres Willens, die Unlauterkeit unserer Neigungen; wenn wir, was wir tun und schaffen, auf der Waage der Heiligkeit wiegen, dann finden wir, daß das alles Verachtung verdient.

Wie? Die Predigten, die wir gehalten haben, die Sorgen und Mühen für unsere Mitmenschen und bei unseren Arbeiten? Ja. Wenn man die besten Werke durchgeht, die man verrichtet hat, so findet man, daß man dabei schlecht verfahren ist, da man das Endziel nicht im Auge behalten hat, daß man also in jeder Hinsicht mehr Böses als Gutes getan hat.

Das kann nicht anders sein. Was kann man denn auch von der menschlichen Schwäche anderes erwarten? Was könnte das Nichts hervorbringen? Was kann die Sünde wirken? Und sind wir etwas anderes?

Wenn einer das erwägt, dann sieht er, daß er nur Verachtung verdient, nicht nur in einzelnen Dingen, sondern ganz allgemein. Halten wir für gewiß, daß wir immer erbärmlich sind, weil wir aus uns selbst heraus stets dem Wesen und der Heiligkeit Gottes widerstreben und weil unser Leben dem Leben Jesu Christi so unähnlich ist. XII, 206

An der Quelle des Erbarmens

Man erweist Gott große Ehre, wenn man sich in Liebe seiner Führung überläßt und die Veränderungen annimmt, die uns ohne unser Zutun treffen. Wir sollen ja nichts anderes wollen als das, was Gott will. Mindestens müssen wir versuchen, die innere Auflehnung zu dämpfen, und dürfen ihr nicht nachgeben, um so das Übel nicht zu verschlimmern. Geben doch auch die Ärzte den Kranken keine Medizin, solange sie noch Fieber haben.
Dabei muß man viel beten. So wird wieder Ruhe einkehren, ohne die unsere Arbeiten zum Heil der Menschen nicht recht gelingen wollen.   V. 402

Gott sei gepriesen, daß es in der Hausgemeinschaft, deren Vorgesetzter Du bist, nun wieder gut geht. Er läßt bisweilen eine Gemeinschaft so weit absinken, daß es scheint, alles sei verloren. Danach hebt er sie aber auf eine höhere Stufe empor als vorher.
Die Schläge von oben sind immer heilsam. Bete für mich, wie ich es auch für Dich tue,

daß wir nie in Verwirrung geraten, wenn wir sehen, daß es in unseren Häusern bergab geht. Er demütigt uns, und er richtet uns wieder auf, wenn es ihm gut scheint. Wenn er uns erniedrigt, so ist das ein Zeichen, daß er sich unser auf einer höheren Ebene bedienen will.

Du zweifelst an Deiner Fähigkeit, andere zu leiten. Dieses Mißtrauen ist gut. Aber muß man sich nicht auf unseren Herrn verlassen und ihm die Zügel in die Hand geben? Er ist es doch, der ein Haus leitet, und nicht wir.

III, 393

Unser Mitbruder Le Vacher berichtet mir aus Algier von dem Martertod eines jungen Mannes, der aus Mallorca stammte. Er hatte zuerst aus Furcht seinen Glauben verleugnet. Dann aber ging er in einem hochherzigen Entschluß zum Pascha und widerrief alles.

Was mich am tiefsten dabei beeindruckt hat, ist, daß er zu seinen Kameraden sagte: „Obwohl ich vor dem Tod Angst habe, fühle ich doch hier drinnen etwas" – dabei führte er seine Hand an die Stirn –, „was mir sagt, daß Gott mir die Gnade gibt, die Hinrichtung zu bestehen. Unser Herr hatte selbst Angst vor dem Tod. Ich hoffe auf seine Kraft und seine Güte."

Man band ihn an einen Pfahl und zündete ringsum Feuer an. So gab er seine Seele, rein wie Gold, das durch den Schmelztiegel gegangen ist, in die Hände Gottes zurück.

So sieht ein Christ aus! So der Mut, den wir im Leiden und, wenn nötig, im Sterben für Jesus Christus haben sollen. Stehen wir fest in der Hoffnung, daß uns der Beistand Gottes nicht fehlen wird. XI, 390

Vinzenz spricht zu einem sterbenden Bruder u. a. folgende Worte, die von einem der Umstehenden aufgezeichnet wurden.

Mein lieber Bruder, was der Herr jetzt von dir erwartet, ist das Vertrauen auf seine Worte, aus denen das ewige Erbarmen des Vaters spricht: Heute noch wirst du mit mir im

Paradiese sein. Wie schön ist dieser hohe und doch so kindliche Gedanke! Ganz fest darfst du das von Gottes Güte erhoffen und demütig sagen: „Herr, wie komme ich denn zu diesem unverdienten Glück? Was habe ich denn Gutes getan, daß ich es erlangen soll? Das kommt einzig und allein von deiner Güte und deinem Erbarmen. Ich habe doch viele Sünden begangen, bin oft nachlässig gewesen, was mein ewiges Heil betrifft. Ich bin so oft meinen Vorsätzen untreu geworden, und so vieles andere habe ich getan. Trotzdem hoffe ich von deiner Güte und deinem Erbarmen, daß du mir meine große Schuld vergibst, wie du im Evangelium von dem Schuldner gesagt hast: ‚Alle Schulden habe ich ihm erlassen.'"

Der Thron seiner Barmherzigkeit überragt hoch das Meer der Sünden. Nun ist gute Gelegenheit, Gott zu verherrlichen, indem du seine Barmherzigkeit bekennst und dich ihr anheimgibst.

Liebe unsern lieben Herrn! Er selbst hat den Keim der Liebe in uns hineingelegt. Er wurde Mensch, damit wir ihn menschlich lieben können. Allen Schaden der Sünde hat er gut gemacht. Seine Liebe ging so weit, daß er sich als Brot des Lebens geschenkt hat, um ganz mit uns vereint zu sein.

XI, 143 ff

Wollen, was die göttliche Vorsehung will, und nichts wollen, was sie nicht will!
Diesen Morgen erfüllte mich bei meinem armseligen Gebet ein großer Wunsch: alles, was auf Erden geschieht, zu wollen, das Gute wie das Böse, die allgemeine wie die Not des einzelnen, weil Gott sie will, denn er schickt sie.
Die Bereitschaft, unseren Willen mit dem Willen Gottes in Einklang zu bringen, ruft in uns eine tiefe innere Ruhe hervor, aus der die Kraft zu Taten der Nächstenliebe erwächst.

VI, 476

VIII
Worte an den Herrn

Herr, es war deine Freude, dein Wohlgefallen, den Willen deines Vaters zu tun. Wir sind deine Jünger. Wir vertrauen uns dir ganz an, um dich nachzuahmen. Da wir es nicht aus uns selbst können, bitten wir um deine Gnadenhilfe. Du bist es, von dem wir sie erhoffen dürfen, da wir das Verlangen haben, dir zu folgen.

XII, 164

Jesus Christus, mein Erlöser. Mehr als alle Menschen zusammen hast du Erbarmen und Liebe geübt, hast aber auch am meisten Unrecht und Kränkung erfahren, ohne verbittert zu sein.
Schenke uns den Geist des Erbarmens, der in dir glühte, gib uns die Milde und Hilfsbereitschaft, wie du sie selbst deinen Feinden erwiesen hast.
So möge sich der ewige Plan des göttlichen Willens an uns erfüllen: die Verherrlichung des Vaters durch die Nachahmung deines Tuns und die Ausbreitung deiner Liebe auf Erden. IX, 298

Worte des Erbarmens

Herr, durch deine Geburt im Fleisch hast du dich selbst erniedrigt. Während deines ganzen Lebens hast du uns ein Beispiel der Demut gegeben bis zu deinem Tod wie ein Verbrecher am Kreuz. Du gingst so weit, unter den unscheinbaren Gestalten von Brot und Wein bei uns zu sein. Du bist die Quelle der Demut und alles Guten. An wen soll ich mich wenden, um selbst gut zu sein, wenn nicht an dich? Laß mich teilhaben an deiner Güte und schenke diese Gnade allen, die sich zu dir bekennen.

X, 538

Herr Jesus Christus, du hast dich geheiligt, damit auch die Menschen geheiligt seien. Du hast die Reiche der Welt verschmäht, ihren Reichtum, ihre Ehre. Du wolltest nur das Reich deines Vaters in den Herzen der Menschen errichten.

Gib, daß der himmlische Vater in uns herrsche durch Glaube, Hoffnung und Liebe, durch die Demut und die Vereinigung mit seinem heiligen Willen, damit wir einst an seiner Herrlichkeit teilhaben.

XII, 147

Quellenhinweise

Die Ziffern am Schluß der meisten Texte bezeichnen Band und Seite des Werkes: Saint Vincent de Paul, Correspondance, Entretiens, Documents, Édition publiée et annotée par Pierre Coste, Paris 1920. 14 Bde.

Ab. = Abelly, Louis, Vie de S. Vincent de Paul, Paris 1839, 2 Bde.

C. = Coste, Pierre, Le grand Saint du grand Siècle, Monsieur Vincent, Paris 1934, 3 Bde.

Die Texte dieser Sammlung wurden vom Herausgeber ausgewählt und übersetzt.

Umschlagbild: *Vinzenz von Paul*. Gemälde (17. Jahrhundert) von Simon François de Tours. Das Bild ist vielleicht eine Replik für die Königin Anna von Österreich. Es befindet sich heute im Maison-Mère des Lazaristes, Paris.

MARCELLE AUCLAIR
VINZENZ VON PAUL

Genie der Nächstenliebe

Vinzenz von Paul ist einer der bedeutendsten Zeugen des Christentums am Beginn der Neuzeit, Erneuerer des religiösen Lebens im Frankreich des 17. Jahrhunderts. Sein Bild erhält in diesem Band durch die starke Verwendung des umfangreichen literarischen Nachlasses des hl. Vinzenz wie auch die Heranziehung vieler zeitgenössischer Dokumente große Unmittelbarkeit und Lebendigkeit. Vor allem drei Aspekte treten deutlich hervor: das persönliche Leben des Heiligen, die religiöse und soziale Situation Frankreichs, das große Werk der Barmherzigkeit, das von Vinzenz ausging.

„Wer den authentischen Vinzenz von Paul kennenlernen will, muß zu diesem Buch greifen."
(Schweizerische Kirchenzeitung, Luzern)

3. Auflage 1980. 320 Seiten, gebunden
ISBN 3-451-18099-5

Verlag Herder Freiburg – Basel – Wien

FRANZ VON SALES
WORTE DES VERTRAUENS

Herausgegeben von Maria Otto

Franz von Sales (1567–1622), ein Klassiker der geistlichen Literatur, lebte in einer ähnlichen Umbruchs- und Krisenzeit wie der heutigen. Seine Anleitungen, Ermutigungen und Ermahnungen, die für diesen Band – in neuer Übersetzung – aus seinen Hauptwerken ausgewählt wurden, sind frisch und lebendig, als würden sie heute gesagt.

Die zeitlose Gültigkeit der menschlichen und geistlichen Erfahrungen dieses großen Menschenführers zeigt sich vor allem in drei Merkmalen, die auch diese Textauswahl kennzeichnen: sein klares psychologisches Verständnis für das menschliche Maß, die ständige eindringliche Ermutigung zu einem selbständigen und situationsbezogenen Urteilen und Handeln und die Gelassenheit, das absolute Sich-Lassen in Gott.

„Perlen geistlicher Lebensweisheit".
(Benedikt-Bote, Wels)

4. Auflage 1979. 112 Seiten, kartoniert
ISBN 3-451-17198-8

Verlag Herder Freiburg – Basel – Wien